Gary Smalley

Entdecke deine Frau

Gary Smalley

Entdecke deine Frau

Editions Trobisch

Die amerikanische Originalausgabe erschien unter dem Titel
IF ONLY HE KNEW im Verlag Zondervan Corporation

© 1982 Zondervan Corporation, Grand Rapids, Michigan, USA

ISBN 3-87827-065-8

1. Auflage November 1986
2. Auflage März 1987
3. Auflage Februar 1988
4. Auflage Januar 1989
5. Auflage Oktober 1989
6. Auflage August 1990
7. Auflage Mai 1991
8. Auflage Januar 1992
9. Auflage Januar 1993
10. Auflage August 1993
11. Auflage April 1994

Copyright der deutschen Ausgabe
© 1986 Editions Trobisch
Postfach 2048, 77680 Kehl

Übersetzung: Birgit Erfurt
Umschlaggestaltung: Tilmann Krieg, D-77694 Kehl
Satz: TYPO-SCHRÖDER Dernbach
Druck: Druckhaus Gummersbach

Inhalt

Dieses Buch ist meiner geliebten Frau gewidmet
und meinen Kindern Kari, Greg und Michael.

Vorwort von der Frau des Verfassers

In unserer langjährigen Arbeit mit Ehepaaren sind Gary und ich zu dem Schluß gekommen, daß es so etwas wie ein einmaliges Problem nicht gibt. Die meisten Paare sind wirklich erleichtert, wenn sie erfahren, daß viele, wenn nicht sogar alle anderen Paare die gleichen Probleme haben. Da Eheprobleme sich häufig gleichen, kann man sagen, daß eine Lösung, die für einige Paare gefunden wurde, gewöhnlich auch bei den meisten Paaren erfolgreich angewandt werden kann.

Sie können sicher sein, daß Sie nicht der erste Ehemann in der Geschichte der Menschheit sind, der die Probleme hat, mit denen Sie sich im Augenblick herumschlagen. Die Grundsätze, die Gary in diesem Buch darstellt, haben nicht nur unsere eigene Ehe erfüllter gemacht, sondern auch im Leben unzähliger anderer Ehepaare, die wir beraten haben, ein ähnliches Ergebnis erzielt. Wenn Sie anfangen, diese Grundsätze in Ihrer Beziehung anzuwenden, wird Ihre Ehe gewiß tiefer und reicher werden.

Norma Smalley

Wenn ich nur gewußt hätte...

Als ich Gary vorschlug, ein „Ehebuch für Männer" zu schreiben, wußte ich, daß er gutes Material hatte, aber wieviel dies für mich persönlich bedeuten würde, ahnte ich nicht. Schließlich war ich seit fast zehn Jahren verheiratet und nahezu ein „idealer Ehemann", so dachte ich. Als ich dann mit Gary das Material bearbeitete, wurde mir zunehmend bewußt, daß man mich beim besten Willen nicht als guten Ehemann bezeichnen konnte. Ich erfüllte die materiellen und einige der physischen Bedürfnisse meiner Frau, aber das war auch schon alles.

Als ich mich dann eingehender mit der Materie beschäftigt hatte, erkannte ich, daß ich jahrelang viele der emotionalen Bedürfnisse meiner Frau gar nicht wahrgenommen hatte. Jahrelang mußte sie mit einem Ehemann vorliebnehmen, dessen Gefühlslosigkeit und

Gleichgültigkeit ihr Tag für Tag Schmerz zufügten, weil ihre tieferen Bedürfnisse nicht auf liebevolle Weise erfüllt wurden.

Für all das, was ich in den letzten zwei Monaten gelernt habe, bin ich sehr dankbar. Endlich wurden mir die Augen dafür geöffnet, was für eine einzigartige, wunderbare Persönlichkeit meine Frau ist. Der Ehemann zu werden, den sie verdient, ist nun meine Lebensaufgabe. Dieses Buch öffnete mir nicht nur die Augen für meine Frau und ihre Bedürfnisse, sondern es zeigte mir auch konkrete Möglichkeiten, wie ich diese Bedürfnisse erfüllen kann. Selbst wenn Sie nicht einmal halb so viel von diesem Buch profitieren werden wie ich, wird es das wertvollste Buch sein, das Sie jemals über die Ehe gelesen haben.

Steve Scott

1
Wie Sie Ihre Frau von sich wegtreiben, ohne es zu beabsichtigen

„Desgleichen, ihr Männer, wohnet bei ihnen mit Vernunft"
(1. Petrus 3,7)

Am anderen Ende des Telefons sagte eine zitternde Stimme: „Sie müssen mir helfen. Sie hat eine gerichtliche Verfügung gegen mich." Georg suchte bei mir Hilfe, nachdem die Beziehung zu seiner Frau schon zerbrochen war. „Wir sind seit über zwanzig Jahren verheiratet, und sie läßt mich nicht einmal mehr ins Haus. Ich kann es gar nicht fassen, daß sie mich so behandelt, nach allem, was ich für sie getan habe. Können Sie uns helfen, damit wir wieder zusammenkommen?"

Ehe ich diese Frage beantwortete, wollte ich mit seiner Frau sprechen. „Sie können auf keinen Fall mit Barbara reden", sagte er. „Sie würde nicht mit Ihnen sprechen. Wenn Sie sagen, daß Sie mich in irgendeiner Form vertreten, würde sie sofort den Hörer auflegen."

„Bis jetzt hat sich noch keine Ehefrau geweigert, mit mir zu sprechen", versicherte ich ihm. „Wir können ja feststellen, ob dies das erste Mal sein wird. Würden Sie mir ihre Telefonnummer geben?"

Ehrlich gesagt, so düster wie die ganze Geschichte klang, hatte ich wirklich meine Bedenken, ob sie die erste Frau sein würde, die nicht mit mir über ihre Eheprobleme sprechen wollte. Doch meine Zweifel erwiesen sich als unbegründet – sie war mehr als bereit, über ihre Probleme zu sprechen.

„Unter welcher Voraussetzung wären Sie bereit, Ihr Leben wieder mit Ihrem Mann zu teilen? Was müßte geschehen, damit Sie versuchen würden, wieder eine Beziehung zu ihm aufzubauen?" Dieselben Fragen hatte ich schon vielen Frauen gestellt, die behauptet hatten, sie wollten nichts mehr mit ihrem Mann zu tun haben.

Ihre Antwort war bezeichnend. „Auf diese Frage gibt es keine Antwort. Er ist der schlechteste Ehemann auf der ganzen Welt, und ich denke gar nicht daran, mich wieder auf ihn einzulassen. Ich kann seine Persönlichkeit und sein kränkendes Verhalten einfach nicht mehr ertragen." Die gerichtliche Verfügung werde die Sache regeln, sagte sie. „Halten Sie ihn mir bloß vom Leibe!"

Ich fragte sie, ob sie mir sagen könne, auf welche Weise er sie gekränkt hatte. Nachdem ich ihre Antwort vernommen hatte, meinte ich: „Das klingt so, als ob er nicht gerade ein sehr sensibler und zärtlicher Ehemann gewesen wäre."

Dann bat ich sie noch einmal, sich anzustrengen und darüber nachzudenken, was sich verändern müßte, ehe sie zu einer Fortsetzung der Ehe bereit sei.

Es müßte sich schon eine ganze Menge ändern, antwortete sie. Erstens, sei er zu tyrannisch und kritisiere sie andauernd. Zweitens, versuche er, jeden ihrer Schritte zu kontrollieren, als ob sie sein Eigentum sei. Drittens, trete er ihr Selbstwertgefühl mit Füßen, indem er sich ständig über sie lustig mache. Und viertens, nehme er sich kaum Zeit, ihr zuzuhören, obwohl er fürs Geschäft und seine anderen Interessen immer Zeit habe. Obendrein spioniere er ihr nach und lasse ihr überhaupt keine Freiheit.

„Aber machen Sie sich keine falschen Hoffnungen", sagte sie. „Ganz gleich, was geschieht, ich werde die Scheidung nicht zurücknehmen."

Als ich diese Klagen an Georg weitergab, wußte ich, daß ich einige wunde Punkte berührt hatte. Er verteidigte sich und gab seiner Frau die Schuld. Ich ließ ihn eine Weile reden, dann fragte ich ihn: „Wollen Sie, daß Ihre Frau zu Ihnen zurückkommt?"

„Ja, ich würde alles tun, damit sie zurückkommt", sagte er. „Gut. Ich bin immer bereit, jemandem zu helfen, der sein Leben wieder in Ordnung bringen will. Aber wenn Sie es nicht vollkommen ernst meinen, dann sagen Sie es mir gleich. Wir wollen mit offenen Karten spielen." Noch einmal versprach er, er wolle sich ändern, doch dieses Versprechen galt nur bis zu meinen nächsten Worten: „Wir müssen etwas tun, um Ihr dominierendes und besitzergreifendes Wesen zu verändern."

Daraufhin tobte und schimpfte, verteidigte und wehrte er sich, so daß ich mich wirklich fragte, ob er jemals zu den notwendigen Veränderungen bereit sein würde.

„Noch nie im Leben habe ich einen so streitsüchtigen und sturen Menschen gesehen", rief ich aus.

Mit einem Mal hatte er sich wieder beruhigt und antwortete: „So bin ich nicht von Natur aus. Eigentlich bin ich ziemlich nachgiebig. Vielleicht setze ich nur eine Maske auf, denn ich bin wirklich kein rücksichtsloser Mensch. Mir kommt es vielmehr so vor, als ob die anderen mich überfahren."

„Ich glaube, wir beide sprechen über zwei verschiedene Menschen", erwiderte ich. „Ich bin mir nicht sicher, ob ich, wenn ich Ihre Frau wäre, Ihrer dominierenden Persönlichkeit gefühlsmäßig standhalten könnte."

Das gab ihm zu denken. Nachdem er mit seinen Freunden gesprochen und auch darum gebetet hatte, daß Gott ihm das rechte Verstehen schenken möge, kam er wieder zu mir ins Büro. Nun konnte er seine Fehler eingestehen und war bereit, sich zu ändern.

„Wenn Sie Ihre Frau wirklich lieben wollen, dann müssen Sie jetzt gleich, beim Scheidungsprozeß, damit anfangen", sagte ich. Da wir einmal bei diesem Thema waren, erwähnte er, daß er sich einen Anwalt nehmen müsse, weil seine Frau auch einen hatte.

„Nein", warnte ich ihn. „Wenn Sie Ihre Frau zurückgewinnen wollen, müssen Sie jetzt auf einen Anwalt verzichten. (Das rate ich nicht in allen Fällen, aber aufgrund der individuellen Umstände hatte er meiner Meinung nach ohne Rechtsbeistand größere Chancen, ihre Liebe zurückzugewinnen.)

„Sie sind wohl verrückt geworden", entgegnete er. „Man wird mich ja total ausnehmen."

Nur widerstrebend willigte er ein, auf einen Anwalt zu verzichten, weil er sich irgendwie ziemlich schutzlos vorkam.

Die Verhandlung fand unter Ausschluß der Öffentlichkeit statt. Zwei seiner Freunde und ich warteten im Gerichtsgebäude auf Georg. Als er aus dem Verhandlungszimmer gelaufen kam, rief er: „Sie will zwanzig Prozent von meiner Rente – zwanzig Prozent! Aber da mache ich auf gar keinen Fall mit!"

Wieder fragte ich ihn: „Wollen Sie Ihre Frau zurückgewinnen?" Und wieder nickte er. „Dann geben Sie ihr fünfundzwanzig Prozent." Ich erinnerte ihn daran, daß *jetzt* der Zeitpunkt sei, ihr mit Achtung und Sensibilität zu begegnen. Als er einige Zeit später den Gerichtssaal verließ, war er geschieden – aber nicht für lange…

Nach einigen Monaten traf ich ihn beim Einkaufen. „Meine Frau und ich haben wieder geheiratet", sagte er triumphierend. „Zuerst habe ich gedacht, Sie wären verrückt, als Sie mir sagten, was ich alles für meine Frau tun sollte, und daß ich das nie im Leben schaffen würde", fuhr er fort. „Am Anfang mußte ich meine ganze Willenskraft aufbieten. Ich tat es nur, weil Sie gesagt hatten, daß Gott diejenigen belohnt, die Ihn suchen und Seine Wege gehen. Aber wissen Sie, es ist wirklich erstaunlich. Nachdem ich es jetzt drei Monate lang getan habe, macht es mir tatsächlich Spaß."

Er nannte mir auch einige Beispiele, wie er seine Frau jetzt behandelte. Als sie einmal beruflich verreisen mußte, schrieb er ihr einen kurzen Brief, in dem er ihr sagte, wie gern er bei ihr wäre. Dem Brief beigefügt waren etwas Geld und Tips, wie sie am besten an ihr Reiseziel käme.

Georg hat schließlich gelernt, daß seine Frau eine ganz besondere Persönlichkeit ist, mit der man behutsam umgehen muß – fast so, als ob auf ihrer Stirn geschrieben stünde: „Vorsicht – zerbrechlich!"

Er hat den Schlüssel gefunden, mit dem man eine gescheiterte Beziehung wieder in Ordnung bringen kann – Achtung vor der anderen Person. Dieses Thema wird in Kapitel 3 noch eingehender behandelt. Doch ehe wir darauf zu sprechen kommen, wie man eine gescheiterte Ehe wieder aufbauen kann, wollen wir zwei der Hauptgründe für das Scheitern einer Ehe betrachten.

Zwei Gründe für das Scheitern von Ehen

Männer und Frauen heiraten mit „Bilderbuch"-Vorstellungen und geringem Wissen über die Ehe.

Einmal fragte ich eine Studentin, was für einen Mann sie heiraten wolle. „Ich wünsche mir einen Mann, der Witze erzählen, singen und tanzen kann, und abends zu Hause bleibt." „Was Sie sich wünschen", erwiderte ich, „ist kein Ehemann, sondern ein Fernseher."

Ihre Vorstellungen von einem Ehemann lassen deutlich eine der häufigsten Ursachen erkennen, warum Ehen in die Brüche gehen. Wir heiraten mit unrealistischen Erwartungen und sehr geringen, wenn überhaupt irgendwelchen Fähigkeiten, auf den anderen einzugehen. Die meisten von uns haben recht vage Vorstellungen davon, was unser Partner wirklich braucht.

Welch eine Ironie, daß man, um Klempner zu werden, in drei Jahren die nötigen Kenntnisse erwerben muß, für eine Ehe jedoch ist nichts anderes erforderlich als zwei Heiratswillige und manchmal ein

Bluttest. Da die meisten von uns während der Ausbildung nicht einmal gewisse Grundlagen der Kommunikation erlernen, haben viele Männer bei der Hochzeit nicht die geringste Ahnung, wie man eine sinnerfüllte Beziehung aufbaut. Kurz gesagt, die meisten Männer haben keine Vorstellung davon, wie sie ihre Frau so lieben können, daß beide glücklich werden.

Vor kurzem stellte ich fünf geschiedenen Frauen, unabhängig voneinander, die Frage: „Wenn Ihr Mann Ihnen mit beständiger Liebe begegnete, würden Sie ihn dann wieder heiraten?"

„Natürlich würde ich das", antworteten sie alle. Doch leider hatte keine von ihnen die Hoffnung, daß ihr Mann sich jemals so verändern würde.

Da ich einen der Männer persönlich kannte, mußte ich seiner Frau recht geben – es war wirklich ein hoffnungsloser Fall. Er hätte seine Frau zurückgewinnen können, wenn er es gewollt hätte. Aber leider war er nicht daran interessiert, dies zu lernen.

„Was er nicht begreift, ist die Tatsache, daß viele Frauen so reagieren wie junge Hunde", erklärte mir eine Frau. „Wenn er zurückkäme und mich zärtlich, liebevoll und verständnisvoll behandelte, würde ich ihn auf der Stelle wieder heiraten."

Wie traurig ist es, daß wir Männer nicht wissen, wie wir unsere Frau zurückgewinnen können oder wie wir es von Anfang an verhindern können, sie zu verlieren. Wie können wir ihre Zuneigung, ihre Achtung, ihre Liebe und ihre Unterstützung gewinnen, wenn wir nicht einmal wissen, wo wir anfangen sollen? Viele Männer wollen nicht einmal lernen, wie sie ihre kaputte Ehe wieder in Ordnung bringen könnten, und ziehen den heute so bequemen Weg der Scheidung vor.

Wir verstoßen gegen die Gesetze, die eine Beziehung, und damit auch eine Ehe regieren, und dann wundern wir uns, warum alles schief geht. Aber wir würden uns nicht wundern, wenn aufgrund der Gesetze der Aerodynamik ein Flugzeug mit nur einer Tragfläche abstürzt.

Stellen Sie sich einmal vor, Sie wären ein Raumfahrtingenieur bei der NASA. Ihre Aufgabe ist, den Flug einiger Astronauten zum Mond zu überwachen. Nachdem diese die halbe Strecke zurückgelegt haben, geht plötzlich etwas schief. Sie würden nun nicht im Traum daran denken, das ganze Projekt fallenzulassen, nur weil irgend etwas schiefgelaufen ist. Sie und die anderen Ingenieure würden sich vielmehr zusammensetzen, Daten in den Computer eingeben, dem Problem auf den Grund gehen und die nötigen Korrekturen vornehmen, um das Raumschiff wieder auf den rechten Kurs zu bringen. Und selbst wenn das Unternehmen mißlungen wäre, würden Sie es nicht ganz aufgeben. Sie würden es einfach so umändern, daß ähnliche Probleme in Zukunft vermieden werden könnten.

Ihre Ehe ist, wie ein Raumschiff, Gesetzen unterworfen, die über ihren Erfolg oder Mißerfolg bestimmen. Wenn einige dieser Gesetze mißachtet werden, kommen Sie und Ihre Frau vom rechten Kurs ab, und ein Absturz ist vorprogrammiert. Wenn Sie hingegen in Ihrer Ehe erkennen, gegen welches Gesetz oder Prinzip Sie verstoßen und die nötigen Korrekturen vornehmen, werden Sie wieder auf den rechten Kurs kommen.

Männer und Frauen verstehen die allgemeinen Unterschiede zwischen den Geschlechtern nicht.

Ich wage zu behaupten, daß die meisten Probleme in einer Ehe von einer einzigen Tatsache herrühren – von der Tatsache, daß Männer und Frauen *total* verschieden sind. Die Unterschiede (emotionale, psychische und physische) sind so ausgeprägt, daß ohne die gemeinsamen Bemühungen von Mann und Frau, diese zu verstehen, eine glückliche Ehe nahezu unmöglich ist. Ein bekannter Psychiater sagte einmal: „Nachdem ich die Frauen dreißig Jahre lang studiert habe, frage ich mich: Was wollen sie eigentlich?" Wenn er schon zu diesem Schluß kam, können Sie sich wohl vorstellen, wie wenig wir über unsere Frau wissen.

Einige dieser Unterschiede sind Ihnen vielleicht bewußt, viele andere werden Sie dagegen überraschen. Wußten Sie zum Beispiel, daß praktisch jede Körperzelle des Mannes eine andere Chromosomenkombination hat als die Körperzellen der Frau? Nach Ansicht von Dr. James Dobson gibt es hinreichende Beweise dafür, daß der „Sitz" der Emotionen im Gehirn beim Mann anders „gepolt" ist als bei der Frau. Wegen dieser beiden Unterschiede sind Männer und Frauen emotional und physisch grundverschieden. Im folgenden wollen wir auf einige der allgemeinen Unterschiede zwischen Mann und Frau etwas näher eingehen.

Unterschiede auf der Ebene der Psyche und Emotionen

1. Frauen neigen dazu, „persönlicher" als Männer zu sein. Sie haben ein tiefgehenderes Interesse an Menschen und Gefühlen, am Aufbau von Beziehungen also, während Männer eher dazu neigen, sich mit den praktischen Gegebenheiten zu befassen, die durch logische Deduktionen erfaßt werden können. Männer sind eher auf Kampf und Eroberung ausgerichtet, auf den Streit um die Vorherrschaft, daher haben sie auch ein so großes Interesse an Sportarten wie Fußball und Boxen.

   Warum interessiert sich eine Frau nicht so sehr für Boxkämpfe? Weil enge, liebevolle Beziehungen für gewöhnlich nicht im Ring entstehen! Und geschieht nicht bei vielen Familien im Urlaub folgendes: Für ihn ist das Ziel, 700 km an einem Tag zu fahren, eine Herausforderung, während sie lieber öfter eine Pause einlegen, sich entspannen, Kaffee trinken und sich unterhalten möchte. Er hält das alles für Zeitverschwendung, da es das Erreichen seines Zieles gefährden könnte.

   Männer haben im allgemeinen ein geringeres Interesse an engen Beziehungen, zu Gott wie auch zu anderen Menschen, und wissen weniger über den Aufbau solcher Beziehungen. So sind es auch meistens die Frauen, die Bücher über die Ehe kaufen. Sie sind im allgemeinen diejenigen, die zuerst den Wunsch haben, Gott kennenzulernen und zur Kirche zu gehen. Wenn ein Mann erkennt, daß seine Frau eben von Natur aus eine größere Motivation besitzt, etwas in Beziehungen zu investieren, kann er dies gelassen als Tatsache akzeptieren und sich selbst dann dafür *entscheiden*, seine Ehe und die Beziehung zu seinen Kindern zu verbessern.

   Sind Sie sich darüber im klaren, daß die natürliche Fähigkeit Ihrer Frau, Beziehungen herzustellen, Ihnen helfen kann, die zwei Gebote zu erfüllen, die Jesus als die größten bezeichnet hat – nämlich Gott und seinen Nächsten zu lieben (Matt. 22, 36 – 40)? Jesus sagt, wenn wir diese beiden Gebote halten, erfüllen wir *alle* Gebote. Denken Sie einmal darüber nach! Ihre Frau besitzt die gottgegebene Motivation und Fähigkeit, Ihnen beim Aufbau von sinnerfüllten Beziehungen in diesen beiden Bereichen zu helfen. Gott weiß, daß Sie diese besondere Hilfe brauchen, denn Er sagt: „Es ist nicht gut, daß der Mensch allein sei; ich will ihm eine Gehilfin (die ihn ergänzt) machen, die um ihn sei" (1. Mose 2). Wenn Sie es nur zulassen, kann Ihre Frau eine ganz neue, eigenständige Welt erschließen, in der Kommunikation und enge Beziehungen möglich sind.

2. In seinem Buch „The Art of Understanding Your Mate" (Die Kunst, Ihren Ehepartner zu verstehen) schreibt Dr. Cecil Osborne, daß Frauen zu einem „engverbundenen Teil" der Menschen, die sie kennen, und der Dinge, die sie umgeben, würden. Zwischen ihnen und ihrer Umgebung bestünde eine gewisse Art des „Einsseins". Obwohl ein Mann auch eine Beziehung zu Menschen und Situationen habe, lasse er es für gewöhnlich nicht zu, daß seine Identität mit ihnen verwoben wird. Irgendwie bleibe er distanziert. Eine Frau könne deswegen so leicht verletzt werden, wenn andere ihr Heim kritisieren, weil sie es gewissermaßen als ein Stück von sich selbst betrachte.

   Frauen finden ihre Identität eher in engen Beziehungen, während Männer ihre Identität in ihrem Beruf finden.

3. Wegen der emotionalen Identifizierung mit Menschen und Umgebung braucht eine Frau mehr Zeit, um eine Veränderung zu verarbeiten, die sich auf diese Beziehungen auswirken könnte. Ein Mann kann die Vorteile einer Veränderung logisch erfassen und sich innerhalb weniger Minuten darauf einstellen. Bei einer Frau ist das anders. Da sie die unmittelbaren Folgen einer Veränderung, eines Umzugs zum Beispiel, vor Augen hat, braucht sie Zeit, um sich an eine neue Situation zu gewöhnen, ehe sie sich für deren Vorteile erwärmen kann.

4. Bei Männern äußert sich Feindseligkeit eher durch physische Gewalt, bei Frauen eher durch Worte.

Physische Unterschiede

Dr. Paul Popenoe, der Gründer des „American Institute of Family Relations" (Amerikanisches Institut für Familien) in Los Angeles hat sich lange Jahre mit der Erforschung der biologischen Unterschiede zwischen den Geschlechtern beschäftigt. Dies sind einige seiner Erkenntnisse.

Frauen haben von Natur aus eine größere Vitalität, vielleicht wegen dieses Chromosomenunterschiedes. Sie leben im Durchschnitt drei bis vier Jahre länger als Männer.

Bei Frauen ist der Stoffwechsel für gewöhnlich niedriger als bei Männern. Es gibt auch Unterschiede im Knochenbau und bei den inneren Organen.

Frauen haben einige wichtige Körperfunktionen, die die Männer nicht haben – Menstruation, Schwangerschaft, Stillen. Frauen haben andere und mehr Hormone als Männer. Diese Hormone haben einen Einfluß auf Verhalten und Gefühle.

Die Schilddrüse funktioniert bei Mann und Frau unterschiedlich. Bei Frauen ist die Schilddrüse größer und aktiver, bei Schwangerschaft und Menstruation vergrößert sie sich. Sie ist verantwortlich für die größere Neigung zu Kropfbildung bei Frauen, die Widerstandsfähigkeit gegen Erkältung, die glatte Haut, die geringe Körperbehaarung und die dünne subkutane Fettschicht.

Das Blut der Frau enthält mehr Wasser als das des Mannes (20 Prozent weniger rote Blutkörperchen). Da die roten Blutkörperchen die Körperzellen mit Sauerstoff versorgen, werden Frauen schneller müde und neigen eher zu Ohnmachtsanfällen.

Bei Frauen schlägt das Herz schneller (80 Schläge pro Minute gegenüber 72 bei Männern). Ihr Blutdruck (10 Meßeinheiten niedriger als bei Männern) variiert von Minute zu Minute, doch sie neigen viel weniger zu Bluthochdruck – wenigstens bis zu den Wechseljahren.

Die Ein- bzw. Ausatmungskapazität ist bei Frauen deutlich geringer als bei Männern.

Frauen können hohe Temperaturen besser verkraften, da sich bei ihnen der Stoffwechsel weniger verlangsamt als bei Männern.

Unterschiede im Bereich der Sexualität

Das sexuelle Verlangen der Frau hängt größtenteils von ihrem Monatszyklus ab; das des Mannes ist relativ konstant, es wird hauptsächlich von dem Hormon Testosteron gesteuert.

Frauen reagieren viel mehr auf Berührungen und zärtliche Worte. Sie werden eher von der Persönlichkeit eines Mannes angezogen, während für Männer das Aussehen der Frau eine große Rolle spielt. Für gewöhnlich sind Männer weniger anspruchsvoll bei den Frauen, zu denen sie sich körperlich hingezogen fühlen.

Während ein Mann wenig oder gar keine Vorbereitung für den Geschlechtsverkehr braucht, muß die Frau oft Stunden vorher emotional und seelisch darauf vorbereitet sein. Grobe oder beleidigende Behandlung kann ihr sexuelles Verlangen für Tage blockieren. Wenn ein Mann die Gefühle seiner Frau mit Füßen getreten hat, empfindet sie häufig Widerwillen gegen seine Zärtlichkeit. Viele Frauen sagten mir, sie seien sich wie Prostituierte vorgekommen, als ihr Mann sie zwang, mit ihnen zu schlafen, obwohl sie ihm innerlich grollten. Ein Mann mag sich dagegen gar keine Vorstellung davon machen, was er seiner Frau damit antut.

Diese grundlegenden Unterschiede, die meist sehr schnell nach der Hochzeit zu Tage treten, sind die Ursachen für viele Konflikte in der Ehe. Von Anfang an weiß die Frau intuitiv viel besser, wie eine liebevolle Beziehung aufgebaut wird. Aufgrund ihrer Sensibilität nimmt sie mehr Rücksicht auf die Gefühle ihres Mannes und setzt alles daran, eine sinnvolle, vielschichtige Beziehung aufzubauen: sie weiß, wie eine Beziehung hergestellt wird, die mehr ist als nur eine sexuelle Partnerschaft. Sie möchte für ihren Mann Geliebte und beste Freundin sein, ihn bewundern und ihm ein Zuhause geben, und seine gleichwertige Partnerin sein. Der Mann weiß dagegen nicht intuitiv, wie die Beziehung sich gestalten soll. Er weiß nicht, wie er seine Frau ermutigen und lieben soll, oder wie er sich ihr gegenüber verhalten soll, um ihre tiefsten Bedürfnisse zu erfüllen.

Da er kein intuitives Verständnis dieser wichtigen Dinge besitzt, muß er sich *einzig und allein* auf das Wissen und die Fähigkeiten verlassen, die er diesbezüglich *vor* der Ehe erworben hat. Unser Schulsystem bietet leider einem künftigen Ehemann in diesem Bereich keinerlei Vorbereitung. Seine Erziehung besteht daher allein in dem, was er in seinem Elternhaus als Beispiel gesehen hat. Für viele von uns ist dieses Beispiel möglicherweise unzureichend gewesen. Wir wissen alles über Sex und sehr wenig über echte, selbstlose Liebe, wenn wir heiraten.

Ich will damit nicht sagen, daß Männer egoistischer sind als

Frauen. Ich meine nur, daß am Anfang einer Ehe der Mann nicht dieselbe Fähigkeit wie die Frau besitzt, selbstlose Liebe zu zeigen, und
daß ihm weniger daran gelegen ist, alles zu tun, damit die Ehe zu
einer liebevollen und dauerhaften Beziehung wird.

Unterschiede im Bereich der Intuition

Norman wollte mehr als 150.000 DM in ein „bombensicheres"
Geschäft investieren. Er hatte die Angelegenheit von allen Seiten
beleuchtet und war zu dem logischen Schluß gekommen, daß nichts
schief gehen könnte. Nachdem er den Vertrag unterzeichnet und der
anderen Partei den Scheck ausgehändigt hatte, beschloß er, seine
Frau von dieser Investition in Kenntnis zu setzen.

Als sie einige der Einzelheiten über den Geschäftsabschluß gehört
hatte, hatte sie sogleich ein ungutes Gefühl. Als Norman dies
bemerkte, wurde er wütend und fragte sie nach dem Grund dafür. Sie
konnte keinen logischen Grund angeben, weil sie keinen hatte. Alles,
was sie wußte, war, daß „irgend etwas nicht stimmte". Norman hörte
auf sie, ging noch einmal zu der anderen Partei und verlangte sein
Geld zurück. „Sie sind verrückt!", sagte der Mann, als er Norman das
Geld wieder gab. Kurze Zeit später wurden *alle* Organisationen und
Kapitalanleger des Geschäfts von der Regierung unter Anklage
gestellt. Die Intuition seiner Frau hatte Norman nicht nur vor dem
Verlust von 150.000 DM, sondern vielleicht auch vor dem Gefängnis
bewahrt.

Was hat es nun mit dieser „weiblichen Intuition" auf sich? Es handelt sich dabei nicht um etwas Mystisches. Eine Forschungsgruppe
der Universität Stanford unter Leitung der Neuropsychologen
McGuinness und Tribran vertritt die Auffassung, daß Frauen die
implizierte Bedeutung einer Äußerung viel schneller und genauer
erfassen als Männer. Da dieser Intuition ein sich im Unterbewußtsein
abspielender Prozeß zugrundeliegt, können viele Frauen nicht genau
erklären, warum sie so und nicht anders empfinden. Sie erfassen oder
„fühlen" einfach etwas in bezug auf eine Person oder eine Situation,
während Männer eher zu einer logischen Analyse von Umständen
und Personen neigen.

Männer und Frauen können ihre Verschiedenartigkeit nicht verstehen, wenn sie sich nicht darum bemühen. Da Sie nun die Gründe dafür kennen, können Sie hoffentlich mehr Hoffnung, Geduld und Toleranz aufbringen, wenn Sie sich darum bemühen, die Beziehung zu Ihrer Frau zu festigen und zu vertiefen. In diesem Zusammenhang wollen wir nun noch betrachten, welche ernsthaften Konsequenzen es haben kann, wenn man in einer schlechten Ehe einfach den Dingen ihren Lauf läßt.

Ernsthafte Folgen einer schlechten Ehe

Erstens, nach Meinung von Dr. Ed Wheat kann eine Frau, die von ihrem Mann nicht wirklich geliebt wird, eine oder mehrere körperliche Krankheiten bekommen, die eine kostspielige Behandlung erfordern.

Zweitens, die romantische Liebe, die eine Frau von ihrem Mann erfährt, bestimmt jeden einzelnen Aspekt ihres Lebens auf der emotionalen und körperlichen Ebene. Wenn ein Mann sich aus dem Schlafzimmer ausgesperrt fühlt, sollte er hier aufmerken. Wenn ein Mann lernt, seine Frau so zu lieben, wie sie es braucht, wird sie im körperlichen Bereich so auf ihn eingehen können, wie er es nie für möglich gehalten hätte, erklärt Dr. Dobson.

Drittens, in seinem Buch schreibt John Drescher, daß mangelnde Liebe eines Mannes zu seiner Frau die emotionale Entwicklung der Kinder entscheidend beeinträchtigen kann.

Viertens, Unzufriedenheit und Auflehnung von Frau und Kindern entstehen meist dann, wenn der Mann nicht weiß, wie er seiner Familie liebevolle Unterstützung geben kann.

Fünftens, wenn ein Mann sich mit einer schlechten Ehe abfindet, verscherzt er damit sein öffentliches Ansehen. Er sagt dann: „Was ich am Traualtar versprochen habe, ist mir egal. Ich werde mich nicht länger bemühen." Durch die Weigerung, seine Frau zu lieben, wie er es sollte, gibt er seinen Mitmenschen zu verstehen, daß er egoistisch und unzuverlässig ist.

Sechstens, der Sohn eines lieblosen Ehemannes wird wahrscheinlich durch das Beispiel seines Vaters vieles von dessen falschem Verhalten übernehmen und später seiner Frau gegenüber praktizieren. Wenn Eltern lieblos miteinander umgehen, ist das nicht ein Problem, das nur sie allein betrifft. Vielmehr werden alle Beziehungen, die ihre Kinder später eingehen werden, entscheidend dadurch beeinflußt.

Und siebtens, mangelnde Liebe in einer Familie erhöht die Wahrscheinlichkeit von psychischen Krankheiten, die einer psychiatrischen Behandlung bedürfen. In einem Artikel der Zeitschrift „Family Weekly" vom 16. Juli 1978 erklärt Dr. Nathan Ackermann, daß psychische Krankheiten in einer Familie von Generation zu Generation weitergegeben werden. Der Psychiater Dr. Salvador Minuchin erläutert in demselben Artikel, daß Mitglieder einer Familie häufig in einen Teufelskreis von psychischen Erkrankungen hineingeraten, dadurch daß sie übermäßigen Druck aufeinander ausüben.

Vielleicht die schwerste Entscheidung Ihres Lebens

Ich versuche nicht, Ihnen die Schablone des „perfekten Ehemanns" überzustülpen. Ich kenne keinen einzigen perfekten Ehemann. Aber ich kenne einige Männer, die allmählich lernen, wie sie die besonderen Bedürfnisse ihrer Frau erfüllen können.

Was ich tun möchte, ist vielmehr, Ihnen zu zeigen, wie auch Sie Ihrer Frau echte und beständige Liebe entgegenbringen können.

Am Anfang wird es Ihnen vielleicht so vorkommen, als ob Sie noch einmal das Laufen lernen müßten. Möglicherweise vergehen Wochen, Monate oder ein ganzes Jahr, ehe Sie das Ziel – beständiges liebevolles Verhalten – erreichen. Doch wenn Sie langsam Fortschritte feststellen können, wird Ihre Zuversicht wachsen. Und bald schon wird Ihre Ehe so verändert sein, wie Sie es nie für möglich gehalten hätten.

Eines sollten Sie sich vergegenwärtigen: Sie halten es vielleicht für unmöglich, lebenslange Gewohnheiten zu ändern, aber das stimmt nicht. Meistens braucht man nur 30 bis 60 Tage, um eine Gewohnheit zu ändern. Wagen Sie daher den Versuch! Das Ergebnis lohnt die Mühe, das weiß ich aus eigener Erfahrung.

Der Schlüssel zu einer erfüllten Ehe ist Ausdauer. Wenn ich mitten in einer Auseinandersetzung mit Norma bin, möchte ich manchmal am liebsten aufgeben. Aber das ist nur durch meine momentanen Gefühle bedingt. Oft bin ich müde, erschöpft oder stehe unter zu großem Druck, und deshalb sehe ich schwarz für die Zukunft. In solchen Augenblicken verlasse ich mich dann auf das, was ich weiß, und nicht auf das, was ich gerade fühle. Ich halte mich an das, was unsere Beziehung wirklich stabilisieren wird, und nach einigen Tagen fühle ich mich meist schon besser und habe wieder den Wunsch, an unserer Ehe zu arbeiten. Deshalb gebe ich nie einfach auf, sondern handle weiter nach den Richtlinien, die ich in der Bibel als den Schlüssel zu einer jeden dauerhaften Beziehung gefunden habe.

Nach diesen Grundsätzen richte ich mich, ganz gleich, wie ich mich fühle. Ich habe versucht, in diesem Buch diesen Schlüssel zu einer dauerhaften Beziehung ausführlich darzustellen und zu erläutern.

Vergessen Sie nicht, daß Sie derjenige sind, der etwas gewinnen wird, wenn Sie sich um eine liebevolle Beziehung zu Ihrer Frau bemühen. Meine Frau hat mir unzählige Male erklärt, daß *ich* davon profitieren würde, wenn ich richtig mit ihr umgehe. Meine fürsorgliche Liebe motiviert sie dazu, besondere Dinge für mich zu tun, gerne auf meine Wünsche und Bedürfnisse einzugehen, aber das war nie der Hauptgrund für mein Verhalten. Die stärkste Motivation waren für mich die *Herausforderung* und der *Lohn* eines Lebens auf der Grundlage der Bibel. Das bedeutet für mich, die beiden wichtigsten Gebote Jesu zu erfüllen – Gott zu kennen und zu lieben, und den Nächsten zu kennen und zu lieben (Matt. 22, 36 – 40). All die Freude und Erfüllung, die ich mir im Leben wünsche, erhalte ich aus diesen beiden Beziehungen – aus der Beziehung zu Gott und aus der Beziehung zu anderen Menschen (Eph. 3,19-20; Joh. 15,11 – 13). Diese Beziehungen sind so wichtig, daß es für mich noch eine zusätzliche – vielleicht wirkungsvollere – Motivation gibt. Ich habe einigen anderen Ehepaaren das Recht zugestanden, mich zur Verantwortung zu ziehen, was die Liebe zu meiner Frau und meinen Kindern betrifft. Sie haben die Freiheit, mich zu fragen, wie es uns als Ehepaar und als Familie ergeht, und ich weiß, daß sie mich genug lieben, um mir aufzuhelfen, wenn ich einmal falle. Und ich versuche immer daran zu denken, daß Liebe eine *Entscheidung* ist. Ich habe mich dafür entschieden, etwas für meine Beziehungen zu tun. Diese Entscheidung, die großen Lohn verheißt, können Sie auch treffen.

Meine Frau und ich wollen die verbleibenden Jahre unseres Lebens der Aufgabe widmen, zu untersuchen, was für den Aufbau sinnvoller Beziehungen an Wissen und Fähigkeiten erforderlich ist. Ich habe selbst Hunderte von Frauen darüber befragt, welche Handlungen ihres Mannes ihrer Ehe schaden oder nützen. Im Grunde genommen ist dieses Buch die Zusammenfassung dessen, was ich dabei herausgefunden habe.

Ob Ihre Frau nun eine Karrierefrau ohne Kinder oder aber eine begeisterte Hausfrau und dreifache Mutter ist, Sie können die in diesem Buch beschriebenen Grundsätze Ihren individuellen Gegebenheiten *anpassen* und somit eine erfülltere Beziehung zu Ihrer Frau bekommen.

Ehe Sie zum nächsten Kapitel übergehen, sollten Sie den folgenden kleinen Test machen, der Ihnen zeigt, wie stabil Ihre Ehe im Augenblick ist. Wenn Sie dann Ihre Schwächen und Stärken definiert haben, können Sie die folgenden Kapitel dazu benutzen, die für eine Festigung Ihrer Beziehung erforderlichen Schritte zu unternehmen. Einige der Punkte auf dieser Liste stammen von dem Psychologen Dr. George Larson, der durch seine Arbeit vielen Menschen geholfen hat, gute Beziehungen aufzubauen. Er ist wie ich der Meinung, daß eine gute Beziehung kein Produkt des Zufalls ist. Sie kann nur entstehen und bestehen, wenn die Menschen wissen, was sie wollen und wie sie es erreichen können.

Antworten Sie mit Ja oder Nein und stellen Sie anschließend Ihr Ergebnis fest:

1. Geben Sie Ihrer Frau ein gutes Gefühl über sich selbst?
2. Schätzen Sie an Ihrer Frau dieselben Dinge, die Sie an sich selbst schätzen?
3. Lächeln Sie spontan, wenn Sie Ihre Frau sehen?
4. Wenn Sie aus dem Haus gehen, fühlt Ihre Frau sich dann wohl, weil sie durch das Zusammensein mit Ihnen Kraft gewonnen hat?
5. Können Sie und Ihre Frau einander ehrlich mitteilen, was Sie wirklich wollen, anstatt den anderen zu manipulieren oder ihm etwas vorzuspielen?
6. Kann Ihre Frau einmal auf Sie wütend werden, ohne daß Sie deswegen geringer von ihr denken?
7. Können Sie Ihre Frau so annehmen, wie sie ist, statt dauernd Pläne zu schmieden, wie Sie sie verändern können?
8. Stimmt Ihr Verhalten mit Ihren Worten überein?
9. Zeigt Ihr Handeln, daß Ihnen wirklich etwas an Ihrer Frau liegt?
10. Können Sie sich in Gegenwart Ihrer Frau wohlfühlen, wenn sie alte Kleider trägt?

11. Stellen Sie Ihre Frau gern Ihren Freunden oder Bekannten vor?

12. Können Sie mit Ihrer Frau Ihre Augenblicke der Schwäche, des Versagens und der Enttäuschung teilen?

13. Würde Ihre Frau sagen, daß Sie gut zuhören können?

14. Trauen Sie Ihrer Frau zu, ihre eigenen Probleme zu lösen?

15. Geben Sie Ihrer Frau gegenüber zu, daß Sie Probleme haben und ihren Trost brauchen?

16. Glauben Sie, daß Sie ein erfülltes und glückliches Leben ohne Ihre Frau leben könnten?

17. Ermutigen Sie Ihre Frau, ihre Fähigkeiten voll zu entfalten?

18. Können Sie von Ihrer Frau lernen und schätzen Sie das, was sie sagt?

19. Wenn Ihre Frau morgen sterben würde, wären Sie dann glücklich darüber, daß Sie sie kennenlernen und heiraten durften?

20. Fühlt Ihre Frau, daß sie wichtiger ist als irgend jemand oder irgend etwas anderes in Ihrem Leben?

21. Glauben Sie, daß Sie mindestens fünf der wichtigsten Bedürfnisse Ihrer Frau kennen und wissen, wie Sie diese richtig erfüllen können?

22. Wissen Sie, was Ihre Frau braucht, wenn sie unter Streß steht oder mutlos ist?

23. Wenn Sie Ihre Frau kränken, geben Sie dann für gewöhnlich zu, daß Sie im Unrecht waren und bitten Sie sie um Vergebung?

24. Würde Ihre Frau sagen, daß Sie sie mindestens einmal am Tag loben?

25. Würde Ihre Frau sagen, daß Sie offen für ihre Korrektur sind?

26. Würde Ihre Frau sagen, daß Sie ein guter Beschützer sind und daß Sie wissen, wo sie ihre Grenzen als Frau hat?

27. Würde Ihre Frau sagen, daß Sie im allgemeinen ihre Gefühle und Ansichten berücksichtigen, wenn Sie eine wichtige Entscheidung treffen, die die Familie oder sie betrifft?

28. Würde Ihre Frau sagen, daß Sie gern mit ihr zusammen sind und gern viele der Erfahrungen Ihres Lebens mit ihr teilen?

29 Würde Ihre Frau sagen, daß Sie selbst ein gutes Beispiel für das Verhalten geben, das Sie sich von ihr wünschen würden?

30. Würden Sie sagen, daß Sie das Interesse Ihrer Frau wecken, wenn Sie ihr Dinge mitteilen, die für Sie selbst wichtig sind?

Wenn Sie 10 oder weniger Fragen mit Ja beantwortet haben, bedarf Ihre Beziehung dringend einer gründlichen Überholung.

Wenn Sie 11 bis 19 der Fragen mit Ja beantwortet haben, muß Ihre Beziehung verbessert werden.

Wenn Sie 20 oder mehr Fragen mit Ja beantwortet haben, befinden Sie sich schon auf dem besten Wege zu einer guten und beständigen Beziehung.

Zum Nachdenken

1. Welche zwei grundlegenden Verantwortungen hat ein Ehemann?
   1. Petrus 3,7.

2. Was ist nach der Bibel die Voraussetzung für Liebe? Was haben die folgenden Verse gemeinsam?
   Joh. 15,13; 1. Kor. 13,5; Phil. 2,3-8.

3. Was gewinnen wir, wenn wir andere lieben?
   Joh. 15,11; Gal. 5,13-14; Eph. 3,19-20.

2
Sag mir, wo die Gefühle sind ...

„Aber die Liebe ist die größte unter ihnen."
1. Korinther 13,13

„Ich liebe dich nicht mehr", sagte Sandra beiläufig. Robert wandte sich schockiert von dem Baseballspiel ab, das er gerade interessiert im Fernsehen verfolgt hatte. „Ich will dich verlassen und nehme Ute mit", fügte sie hinzu. Robert fuhr auf, er traute seinen Ohren kaum.

Da Sandra und Robert sich für vernünftige, zivilisierte Menschen hielten, trennten sie sich in aller Ruhe und einigten sich ohne Streit auf eine Regelung. „Reif" wie er war, half Robert ihr sogar beim Packen. Dann sah er ruhig zu, wie sie und seine Tochter das Haus für immer verließen. Aber innerlich war er nicht so ruhig. Im ganzen nächsten Monat konnte er kein Essen bei sich behalten und nach kurzer Zeit bekam er Gürtelrose und Furunkel. Seine gesundheitlichen Probleme waren nur die Symptome eines viel tiefliegenderen Problems – dem Mangel an *Wissen* und *Interesse* an dem Aufbau einer dauerhaften Ehe.

Glücklicherweise konnte Robert seine Frau durch echte Liebe zurückgewinnen. Das dauerte ein Jahr, aber Sandra wurde schließlich durch die bei ihm vorgegangene Veränderung davon überzeugt, daß ihre Ehe noch einen Versuch wert sei.

Was hat Robert in dem einen Jahr der Trennung von Sandra über Liebe gelernt? Er lernte, daß für eine glückliche Ehe, wie für jedes andere lohnende Unternehmen, Zeit und ein Lernprozeß nötig sind.

Wem würde denn einfallen, einem Unkundigen zu erlauben, sich ins Cockpit eines Flugzeuges zu setzen und mit den Hebeln und Knöpfen herumzuspielen? Oder wer würde einem Anfänger die Wartung der Motoren eines modernen Jets übertragen? Von einem Mann wird dagegen erwartet, daß er stabile, liebevolle Beziehungen aufbauen soll, ohne die geringste „Ausbildung" dafür erhalten zu haben. Er muß aber erst einmal diese „Ausbildung" bekommen: Zuerst muß er herausfinden, was das Wesentliche an echter Liebe ist, dann muß er dies einüben, bis es ihm in Fleisch und Blut übergeht. Seine anfängliche Ungeschicklichkeit wird sich so bald in meisterhafte Geschicklichkeit verwandeln.

Erinnern Sie sich noch an das Paar, von dem im ersten Kapitel die Rede war? Als Georg mich schließlich fragte, wie er die Liebe seiner Frau zurückgewinnen könnte, hatte sie schon eine gerichtliche Verfügung erwirkt, um ihn nicht mehr ins Haus lassen zu müssen. Der Scheidungsprozeß war bereits im Gange, obwohl er sich nun verzweifelt darum bemühte, ihre langjährige Ehe zu retten. Ich erinnere mich, daß ich ihm sagte: „Es wird nicht einfach sein. Aber ich versichere Ihnen, solange sie nicht in einen anderen Mann verliebt ist, werden Sie es bestimmt schaffen, wenn Sie meine Vorschläge beherzigen."

Zu Anfang fiel es ihm gar nicht leicht, die Methoden, die ich ihm erklärt hatte, anzuwenden. Er mußte bei Null anfangen und langsam lernen, mit Barbara zu sprechen, zärtlich zu sein und auf ihre Gefühle Rücksicht zu nehmen. Er wußte nicht, was ihre besonderen Bedürfnisse waren, daß sie sich nach Trost, und nicht nach Belehrungen sehnte, wenn sie niedergeschlagen war. Aber er *lernte* es rechtzeitig, und er *konnte* seine Frau zurückgewinnen. Er sagte mir, es sei kaum zu glauben, daß die Gesten, die ihm einmal so komisch vorkamen, nun ein fester und schöner Bestandteil seines Lebens sind.

„Das ist die ganze Sache nicht wert", sagte ein Mann, als ich ihm erklärte, wie er seine Ehe retten könne. „Verstehen Sie nicht, mir liegt nichts mehr an ihr. Sie nervt mich, und ich will mich gar nicht bemühen, das zu erreichen, wovon Sie reden. Ich habe einfach genug."

„Was steht zwischen Ihnen und Ihrer Frau?" fragte ich, da ich herausfinden wollte, warum er keine Liebe mehr für sie empfand. „Warum können Sie nicht auf sie zugehen und wenigstens versuchen, eine liebevolle Beziehung aufzubauen? Warum wollen Sie das nicht?"

„Nun", gestand er, „sie hat einige Dinge getan, die mich so sehr verletzt haben, daß ich es einfach nicht noch einmal versuchen kann."

Am nächsten Tag nannte er mir beim Mittagessen sieben Dinge, die seine Frau getan hatte und immer noch tat, und die in ihm den Wunsch erweckten, sie zu verlassen. Zu seiner völligen Überraschung konnten wir jedes dieser Dinge auf das Fehlen bestimmter Eigenschaften in seinem Leben zurückführen. Als er dies erst einmal begriffen hatte, fragte er: „Was wäre ich für ein Mensch, wenn ich sie sitzenlassen würde, wo ich doch dafür mitverantwortlich bin, wie sie ist?"

Eine Ehe, die Bestand hat und die für beide Partner immer bereichernder wird, ist kein Zufall. Sie kann nur dann fünf, zehn, fünfzehn oder zwanzig Jahre nach den Flitterwochen erfüllter werden, wenn man hart daran arbeitet. Ich bin heute lieber denn je mit meiner Frau zusammen, und ich freue mich auf eine noch tiefere Beziehung in späteren Jahren.

Die drei wesentlichen Arten von Liebe

Bei der Hochzeit ist fast jeder Mann fest davon überzeugt, daß die Liebe zu seiner Frau niemals vergehen wird. Und doch kommt es heute in fast jeder zweiten oder dritten Ehe zur Scheidung. Warum ist das so? Weil wir uns an der Hollywoodversion von Liebe orientieren. Aber man entdeckt sehr schnell, daß Leidenschaft, in der es nur um sexuelle Erfüllung geht, keine ausreichende Grundlage für eine dauerhafte Ehe ist. Leider heiraten zu viele Paare mit der Vorstellung, sie bräuchten nichts anderes als diese Art von Liebe.

Es gibt mindestens drei Arten von Liebe, und jede davon ist etwas Einzigartiges. Von diesen drei – Kameradschaft, Leidenschaft und echter Liebe – stellt meiner Meinung nach nur die letzte ein tragendes Fundament für eine stabile Beziehung dar. Eine Beziehung, in der diese echte Liebe fehlt, wird mit größter Wahrscheinlichkeit keinen Bestand haben. Eine der wunderbarsten Eigenschaften der echten Liebe ist, daß sie sich in einem Menschen entwickeln kann, ohne daß dafür zärtliche Gefühle nötig sind. Bevor wir die echte Liebe noch etwas näher betrachten, wollen wir zunächst auf die beiden anderen Arten von Liebe eingehen.

Kameradschaft

Hier geht es um das Gefühl, das wir empfinden, wenn wir jemanden des anderen Geschlechts „gern haben" – die Art von Liebe, die eine angenehm anregende Wirkung auf alle fünf Sinne ausübt. Man riecht, fühlt, hört und sieht jemanden gern. Man ist gern mit einer Frau zusammen, weil man sich in ihrer Gegenwart glücklich fühlt. Man liebt sie, so wie man „Pizza liebt" oder „Countrymusik liebt".

Diese Art von Liebe steht am Anfang vieler Beziehungen. Wir alle nehmen die attraktiven Züge bei anderen wahr. Bald merken wir dann, daß wir die Dinge an ihnen mögen, die uns ein gutes Gefühl geben.

Obwohl viele Ehen auf der Grundlage dieser Liebe geschlossen werden, bestehen sie nicht immer die Prüfung, die die Zeit mit sich bringt. Nach zwei oder drei Jahren ändert die Frau ihren Lebensstil und ihre Frisur, während der Mann sein Rasierwasser und seine politische Einstellung wechselt. Je älter sie werden, desto mehr verändern sie sich.

In gewisser Weise ändern wir uns alle von Jahr zu Jahr. Eine Gefahr entsteht dann, wenn unsere Liebe auf veränderlichen Eigenschaften beruht, die wir auf der Ebene der Kameradschaft beim anderen attraktiv fanden. Unsere Gefühle kühlen sich immer mehr ab, bis wir uns schließlich fragen, was wir eigentlich einmal an unserem Partner mochten. Und so halten wir nach jemand anderem Ausschau, den wir lieben können. Es ist nicht schwer zu verstehen, warum kameradschaftliche Liebe so selten die „Reifeprüfung" besteht.

Leidenschaft

Leidenschaft übt einen heftigeren Einfluß auf die Gefühle aus als Kameradschaft. Sie ist die Art von Liebe, die das Herz Überstunden machen läßt und die Sinne gefangen nimmt. Die Griechen nannten sie „Eros" – die sinnliche, körperliche Liebe, die oft zu einer intensiven körperlichen Beziehung vor und in der Ehe führt. Erotische Liebe regt die Sinne an und stimuliert Körper und Geist. Sie ist die Art von Liebe, die uns den anderen begehren läßt, weil er unser körperliches Verlangen erregt und befriedigt. Leidenschaft gehört gewiß zur Ehe, aber wenn sie nicht mit echter Liebe verbunden ist, wird aus Lust meist Überdruß und Widerwillen, ähnlich wie bei König Davids Sohn Amnon, der Thamar haßte, nachdem er sie vergewaltigt hatte (2. Sam. 13,15).

Echte Liebe

Die echte Liebe ist vollkommen anders. Sie sagt: „Ich sehe, daß du etwas brauchst. Räume mir das Vorrecht ein, es dir zu geben." Sie nimmt nicht, sie schenkt. Echte Liebe motiviert uns, dem anderen zu helfen, die ganze Fülle der Möglichkeiten in seinem Leben zu entfalten.

Am wichtigsten bei der echten Liebe ist, daß sie nichts fordert. Sie sagt nicht: „Ich bin dein Freund, wenn du mein Freund bist." Oder: „Ich will dich zur Freundin, weil du schön bist, und weil ich will, daß die Leute uns zusammen sehen." Sie sagt auch nicht: „Ich will dein Freund sein, weil deine Familie reich ist." Echte Liebe sucht nicht den eigenen Vorteil, sondern den des anderen. Erinnern Sie sich noch an Ihre Flirts in der Schulzeit, als Sie sich sagten: „Ich mag sie, wenn sie mich mag. Aber sobald sie mir auf die Nerven geht, will ich nichts mehr von ihr wissen." Bei der echten Liebe gibt es kein „Kleingedrucktes".

Die Voraussetzung für echte Liebe ist Reife

Die Fähigkeit zu selbstloser Liebe hängt davon ab, wie reif ein Mensch ist. Die folgenden Gefühle sind kennzeichnend für unreife Liebe. Prüfen Sie, welche davon in Ihrem Leben bestimmend sind.
Eifersucht entsteht aus der Angst, jemanden (oder etwas) zu verlieren, den (oder das) wir schätzen, weil er (oder es) unsere Bedürfnisse erfüllt.
Neid entspringt dem Wunsch, etwas zu haben, was ein anderer besitzt. Wir bilden uns ein, wir müßten nur das erreichen, was der andere hat, um glücklich zu werden.
Zorn entsteht aus der inneren Unruhe und Frustration, die wir empfinden, wenn wir Menschen und Umstände nicht kontrollieren können. Wir können das nicht bekommen, von dem wir glauben, es würde uns glücklich machen.
Einsamkeit entsteht daraus, daß wir Glück von anderen Menschen abhängig machen.
Angst entsteht dann, wenn wir meinen oder erkennen, daß unsere Bedürfnisse nicht erfüllt oder unsere Ziele nicht erreicht werden.
Wenn Sie diese Überlegung noch fortsetzen wollen, sollten Sie eine Aufstellung der Vorkommnisse machen, die bei Ihnen das jeweilige Gefühl hervorgerufen haben. Fragen Sie sich selbst: „Warum hatte ich dieses Gefühl? Dachte ich in erster Linie daran, was ich im Leben *bekommen* könnte, oder daran, was ich im Leben verlieren könnte?"
All diese Gefühle sind kennzeichnend für unreife Liebe, d.h. für den Wunsch, andere Menschen für das eigene Glück zu gebrauchen,

und für den Hunger nach Vergnügen um jeden Preis. Dieselbe unreife Haltung ist auch der Grund für den *Mißbrauch* von Alkohol, Drogen und Sex.

Ich glaube, je mehr wir anderen helfen, alle Möglichkeiten in ihrem Leben voll auszuschöpfen, desto reifer sind wir. Der selbstlose Wunsch, daß die anderen etwas gewinnen mögen, bildet die solideste Basis für dauerhafte Beziehungen. Wie können Sie also falsch liegen, wenn Sie sich um diese Liebe bemühen, der es vor allem darum geht, die speziellen Bedürfnisse Ihrer Frau zu entdecken und nach kreativen Möglichkeiten zu deren Erfüllung zu suchen?

Beständige, reife Liebe kann man lernen

Welches Hindernis steht Ihrer Meinung nach bei den meisten Männern der Entwicklung einer beständigen Liebe zu ihrer Frau im Weg? Meiner Erfahrung nach ist es die Unfähigkeit, die Bedürfnisse einer Frau von *ihrem Standpunkt* aus zu sehen und zu erfüllen.

Als Anna mir gegenüber erwähnte, daß sie sich in bestimmten Bereichen nicht geliebt fühlte, fiel Michael aus allen Wolken. „Wie meinst du das?" fragte er sie.

„Nun, du bist seit Jahren ein wunderbarer Ehemann, du hilfst mir sehr und du tust viele Dinge für mich, die mir Freude machen", erklärte sie sanft. „Aber manchmal tust du etwas für mich, was ich gar nicht brauche. Ich wäre sehr dankbar, wenn du herausfinden würdest, was für *mich* wichtig ist."

Ein glänzender Einfall erzielt nicht immer die gewünschte Wirkung. Einmal ließ ich, als besondere Überraschung für meine Frau, unser Haus neu anstreichen. Doch was ich für wichtig hielt, war für sie zweitrangig. Obwohl sie den neuen Anstrich zu schätzen wußte, hätte sie viel lieber einen neuen Fußboden in der Küche gehabt. Als ich dies erkannte, stellte ich meine eigenen Pläne zurück, um ihren Wunsch nach einem Fußboden zu erfüllen. Danach machten wir eine Liste von ihren Prioritäten – es waren nicht dieselben wie meine!

Wenn wir für andere Dinge tun, die *wir* für gut halten, ist das eine selbstsüchtige, unreife Form von Liebe. Ich habe tiefes Mitgefühl mit den Frauen, die von ihrem Mann zu Weihnachten einen Billiardtisch geschenkt bekommen, oder eine Reise zu fischreichen Gewässern oder Eintrittskarten für den Ball der Lokomotivführer.

Sie sollten, falls Sie das noch nicht getan haben, herausfinden, was Ihre Frau braucht, um ein erfülltes Leben zu haben. Suchen Sie dann nach besonderen Wegen, diese Bedürfnisse, zu erfüllen. Am Anfang wird Ihre Frau vielleicht nicht glauben wollen, daß Ihr liebevolles Verhalten von Dauer sein wird. Lassen Sie den Mut nicht sinken! Man braucht viel Zeit, um eine stabile Beziehung aufzubauen.

Viele Frauen sind zuerst mißtrauisch, wenn sie sehen, daß ihr Mann aufmerksamer und liebevoller wird. Ein Mann, der einen Vortrag über Liebe und Ehe gehört hatte, überraschte seine Frau mit einer Schachtel Pralinen und einem Dutzend Rosen. „Oh, wie entsetzlich!" sagte sie weinend. „Der Kleine hat sich in den Finger geschnitten, ich habe dein Abendessen anbrennen lassen, weil ich den Staubsaugervertreter nicht loswerden konnte, der Abfluß ist verstopft... und jetzt kommst du auch noch betrunken nach Hause!"

Seien Sie also nicht überrascht, wenn Ihre Frau nicht gleich versteht, was Sie tun. Es dauerte mindestens zwei Jahre, bevor meine Frau zugeben konnte, daß ich mich wirklich immer mehr veränderte. Jetzt weiß sie, daß ich für den Rest meines Lebens alles tun will, um unsere Beziehung weiterzuentwickeln und ihre Bedürfnisse zu erfüllen.

Das Erlernen der reifen Liebe läßt sich mit der Pflege eines fruchtbaren Gemüsegartens vergleichen. Wenn Sie so einen Garten hatten, werden Sie den Vergleich zu schätzen wissen. In unserem ersten Jahr in Texas beschlossen wir, einen Gemüsegarten anzulegen. Nachdem wir ein kleines Stück Garten umgegraben hatten, schüttete ich fast eine halbe Tüte Düngemittel darauf und ließ es drei Monate lang einwirken, um auch ganz sicher einen üppigen Garten zu bekommen. Aber irgend etwas ging schief. Die Karotten waren an den Rändern leicht braun und alle Tomaten fingen an zu faulen, ehe sie richtig reif waren. Keine unserer Bohnenstauden wurde größer als 15 cm, und die Gurkenpflanzen gingen alle ein.

Ich konnte das gar nicht begreifen, bis ein erfahrener Gärtner mir erklärte, ich hätte mein Gemüse durch zuviel Dünger „verbrannt". Ich hatte es so gut gemeint, aber ich verstand wenig davon. In ganz ähnlicher Weise kann ein Ehemann Schiffbruch erleiden, wenn er nicht genau weiß, wieviel „Nährstoffe" seine Ehe braucht, um zu gedeihen. Dieses Buch will Ihnen einige konkrete Hinweise geben, was Sie tun können, damit Ihre Ehe besser „wachsen" kann.

Ich habe viele Ehen gesehen, die so aussahen, wie mein Garten zur Zeit aussieht: voller Unkraut und von Gras überwuchert – vernachlässigt. Ich habe mir schon oft gedacht, wie gut es wäre, wenn die Pflanzen sprechen könnten. Dann hätten die Bohnen sagen können: „He, du da droben! Du hast viel zu viel Dünger in den Garten geschüttet, und wir müssen jetzt darunter leiden. Die Chemikalien bringen uns langsam um, und wenn du nicht schleunigst etwas unternimmst, werden wir alle eingehen." Wenn meine Gemüsepflanzen sprechen könnten, hätte ich den tollsten Garten der Welt. Meine Frau kann glücklicherweise sprechen. Ich kann sie fragen, *was* sie braucht, *wieviel* sie braucht und *wann* sie es braucht.

(Sollte eine Ehefrau dies lesen, möchte ich ihr folgendes versichern: Ein Mann weiß im allgemeinen nicht, was seine Frau braucht. Deshalb ist Ihr Mann auf Ihre Hilfe angewiesen. Sagen Sie ihm sanft und liebevoll, was Sie brauchen. Sagen Sie ihm, wenn er Ihre Bedürfnisse nicht erfüllt – aber tun Sie es nicht, indem Sie ihm Vorwürfe machen, sonst könnte er leicht das Interesse verlieren.)

Da die Erfüllung der Bedürfnisse Ihrer Frau der goldene Schlüssel zu einer erfüllten Ehe ist, wird der Rest dieses Kapitels diesem Thema gewidmet.

Was Ihre Frau braucht

Eine Frau braucht eine tiefe, innige Beziehung zu ihrem Mann als Grundlage für ein harmonisches Zusammenleben. Sie braucht Kameradschaft, Harmonie und das Gefühl der Zusammengehörigkeit.

Um Ihre Frau glücklich zu machen, müssen Sie sich von ganzem Herzen darum bemühen, jedes der Bedürfnisse zu erfüllen, die im folgenden aufgezählt und in den weiteren Kapiteln noch ausführlicher beschrieben werden.

1. Ihre Frau muß spüren, daß sie in Ihrem Leben eine sehr wichtige Rolle spielt – eine wichtigere als Ihre Mutter, Ihre Kinder, Ihre Freunde, Ihre Sekretärin und Ihr Beruf.

2. Sie muß wissen, daß Sie bereit sind, sie in bestimmten Augen-

blicken einfach zu trösten, ohne Erklärungen zu verlangen oder ihr Vorträge zu halten.

3. Sie braucht offene, ungehinderte Kommunikation.

4. Sie möchte gelobt werden, damit sie spüren kann, daß sie für Sie wertvoll ist.

5. Sie möchte Ihnen helfen dürfen, ohne eine ablehnende oder wütende Reaktion fürchten zu müssen.

6. Sie braucht die Gewißheit, daß Sie sie verteidigen und beschützen.

7. Sie muß wissen, daß Sie ihre Meinung so hoch achten, daß Sie Entscheidungen mit ihr diskutieren, und nur nach sorgfältiger Prüfung ihrer Ratschläge handeln.

8. Sie muß alle Bereiche ihres Lebens mit Ihnen teilen können: Heim, Familie und andere Interessen.

9. Sie braucht einen Mann, der so ist, daß ihr Sohn ihm nacheifern kann und ihre Tochter ihn gern heiraten würde.

Wenn ihre Bedürfnisse erfüllt werden, fühlt eine Frau sich geborgen, und sie wird Zufriedenheit ausstrahlen. Etwas von dieser Ausstrahlung wird auch auf Sie abfärben, vor allem wenn Sie in erster Linie für ihre Zufriedenheit verantwortlich sind.

Da die Vorschläge in diesem Buch ganz allgemein gehalten sind, sollten Sie folgendes bei jedem Kapitel berücksichtigen.

Erstens, Sie sollten jedes Kapitel mit Ihrer Frau besprechen, um zu sehen, welchen Dingen sie zustimmt und welchen sie widerspricht. Stellen Sie sich vor, sie sei eine Blume. Alle Blumen sind schön, aber jede braucht ein besonderes Maß an Sonnenschein, Nährstoffen und Wasser, um zu gedeihen. Sie müssen herausfinden, wer sie wirklich ist, zumal sie sich von Jahr zu Jahr verändert.

Zweitens, Sie sollten, nachdem sie Ihnen ihre besonderen Bedürfnisse erklärt hat, diese mit Ihren eigenen Worten umschreiben, bis sie sagt, daß Sie verstanden hätten, was sie meinte. Es liegt an Ihnen, herauszufinden, was Ihre Frau meint, wenn sie sagt: „Du hast gesagt, du würdest *bald* zurück sein." Sie versteht vielleicht unter „bald" eine halbe Stunde, während sie zwei Stunden darunter verstehen.

Drittens, es ist wichtig, daß Sie nicht vergessen, welch große Unterschiede zwischen Mann und Frau bestehen. Im allgemeinen ist eine Frau von Natur aus sensibler und weiß mehr über Beziehungen als ihr Mann. Versuchen Sie zu verstehen, daß Ihre Frau wahrscheinlich mehr fühlt, sieht und hört als Sie. Wenn sie etwas zu Ihnen sagt, lassen Sie ihre Worte auf sich wirken. Geben Sie sich besondere Mühe, zu verstehen, wie sie Ihre Beziehung sieht.

Hundert Möglichkeiten

Zum Abschluß dieses Kapitels finden Sie hundert Möglichkeiten, wie Sie Ihrer Frau die Liebe geben können, die *sie* braucht. Diskutieren Sie diese Liste mit Ihrer Frau. Bitten Sie sie, die Punkte herauszusuchen, die für sie besonders relevant sind, und ordnen Sie diese Punkte dann nach der Reihenfolge ihrer Wichtigkeit für sie. Benutzen Sie diese Zusammenstellung als Ausgangspunkt dafür, den Standpunkt Ihrer Frau zu verstehen.

Ich bin überzeugt davon, daß Ihre Beziehung entscheidend gefestigt wird, wenn Sie lernen, diese Vorschläge in die Praxis umzusetzen.

1. Teilen Sie sich ihr mit und schließen Sie sie niemals aus.
2. Betrachten Sie sie als wichtig.
3. Tun Sie alles, um ihre Gefühle zu verstehen.
4. Interessieren Sie sich für ihre Freunde.
5. Fragen Sie sie häufig nach ihrer Meinung.
6. Nehmen Sie ernst, was sie sagt.
7. Lassen Sie sie Ihre Anerkennung und Zuneigung spüren.
8. Geben Sie ihr Geborgenheit.
9. Seien Sie sanft und zärtlich zu ihr.
10. Entwickeln Sie einen Sinn für Humor.
11. Verzichten Sie auf plötzliche größere Veränderungen, ohne mit ihr darüber diskutiert und ihr die nötige Zeit zur Umstellung gegeben zu haben.
12. Lernen Sie sich offen mitzuteilen und positiv darauf einzugehen, wenn sie das Gespräch sucht.
13. Trösten Sie sie, wenn sie ein seelisches Tief hat. Nehmen Sie sie z.B. in die Arme, ohne sie zu belehren oder ihr Vorwürfe zu machen.
14. Interessieren Sie sich für die Dinge, die für sie im Leben wichtig sind.
15. Korrigieren Sie sie sanft und liebevoll.

16. Nehmen Sie ihre Korrektur an, ohne sich in die Defensive zurückzuziehen.
17. Nehmen Sie sich extra Zeit für sie und die Kinder.
18. Seien Sie zuverlässig.
19. Machen Sie ihr Komplimente.
20. Zeigen Sie ihr auf phantasievolle Art und Weise Ihre Liebe, sei es durch Wort oder Taten.
21. Setzen Sie sich jedes Jahr bestimmte Ziele für die Familie.
22. Lassen Sie sie die Dinge kaufen, die sie für nötig hält.
23. Vergeben Sie ihr bereitwillig, wenn sie Sie gekränkt hat.
24. Zeigen Sie ihr, daß Sie sie brauchen.
25. Nehmen Sie sie so an, wie sie ist. Entdecken Sie, daß sie eine ganz besondere, einzigartige Persönlichkeit ist.
26. Geben Sie Fehler zu; haben Sie keine Angst davor, demütig zu sein.
27. Seien Sie das geistliche Oberhaupt der Familie.
28. Gestehen Sie Ihrer Frau zu, einmal zu versagen. Besprechen Sie mit ihr, was schiefgelaufen ist, nachdem Sie sie getröstet haben.
29. Massieren Sie ihr Füße oder Nacken nach einem anstrengenden Tag.
30. Nehmen Sie sich Zeit, um mit ihr allein zusammenzusitzen und in aller Ruhe zu reden.
31. Machen Sie romantische Ausflüge mit ihr.
32. Schreiben Sie ihr gelegentlich einen Brief, in dem Sie ihr sagen, wie sehr Sie sie lieben.
33. Überraschen Sie sie manchmal mit einer Karte oder Blumen.
34. Geben Sie ihr zu verstehen, wie sehr Sie sie schätzen.
35. Sagen Sie ihr, wie stolz Sie auf sie sind.
36. Geben Sie liebevoll einen Rat, wenn sie darum bittet.
37. Verteidigen Sie sie gegenüber anderen.
38. Geben Sie ihr den Vorzug vor allen anderen Menschen.
39. Erwarten Sie nichts von ihr, was ihre seelischen oder körperlichen Kräfte übersteigt.
40. Bitten Sie Gott, daß Er ihr ein erfülltes Leben schenkt.
41. Nehmen Sie sich die Zeit, zu beachten, was sie für Sie und die Familie getan hat.
42. Sprechen Sie zu anderen lobend von ihr.

43. Teilen Sie ihr Ihre Gedanken und Gefühle mit.
44. Erzählen Sie ihr von Ihrer Arbeit, wenn sie sich dafür interessiert.
45. Nehmen Sie sich die Zeit, herauszufinden, wie sie ihre Tage verbringt, bei der Arbeit und zu Hause.
46. Lernen Sie an den Dingen Gefallen zu finden, die sie mag.
47. Kümmern Sie sich vor dem Abendessen um die Kinder.
48. Helfen Sie ihr, vor dem Essen die Wohnung aufzuräumen.
49. Lassen Sie sie in Ruhe ein Bad nehmen, während sie abspülen.
50. Erkennen Sie, daß ihre körperliche Kraft leicht erschöpft wird, wenn Sie mehrere Kinder haben.
51. Wenn Sie die Kinder bestrafen, tun Sie es in Liebe und nicht im Zorn.
52. Helfen Sie ihr, ihre Ziele – Hobbies oder berufliche Weiterbildung – zu verwirklichen.
53. Gehen Sie so mit ihr um, als ob Gott auf ihre Stirn geschrieben hätte: Vorsicht – zerbrechlich!
54. Geben Sie Gewohnheiten auf, die sie stören.
55. Seien Sie freundlich und rücksichtsvoll gegenüber ihren Verwandten.
56. Stellen Sie keine negativen Vergleiche zwischen Ihren eigenen Verwandten und denen Ihrer Frau an.
57. Danken Sie ihr für die Dinge, die sie getan hat, ohne dabei etwas von Ihnen zu erwarten.
58. Erwarten Sie nicht jedesmal Lobeshymnen, wenn Sie ihr bei der Hausarbeit helfen.
59. Erklären Sie ihr genau, was Sie für Pläne haben.
60. Tun Sie kleine Dinge für sie (das Frühstück ans Bett bringen z.B.).
62. Finden Sie heraus, ob sie als körperlich schwächer behandelt werden möchte.
63. Entdecken Sie, welche Ängste sie im Leben hat.
64. Stellen Sie fest, was Sie tun können, um sie von diesen Ängsten zu befreien.
65. Entdecken Sie ihre sexuellen Bedürfnisse.
66. Fragen Sie sie, ob sie mit Ihnen darüber sprechen möchte, wie Sie ihre sexuellen Bedürfnisse erfüllen können.

67. Finden Sie heraus, was sie verunsichert.

68. Planen Sie gemeinsam für die Zukunft.

69. Streiten Sie nicht um Worte, sondern versuchen Sie, den tieferen Sinn zu verstehen.

70. Praktizieren sie die Grundregeln der Höflichkeit, wie z.B. ihr die Tür aufzuhalten oder Kaffee einzuschenken.

71. Fragen Sie sie, ob sie sich im sexuellen Bereich durch irgend etwas beleidigt fühlt.

72. Fragen Sie sie, ob sie auf jemanden eifersüchtig ist.

73. Finden Sie heraus, ob sie darüber beunruhigt ist, wie das Geld ausgegeben wird.

74. Gehen Sie ab und zu mit ihr aus.

75. Halten Sie ihre Hand in der Öffentlichkeit.

76. Legen Sie den Arm um sie, wenn Sie mit Freunden zusammen sind.

77. Sagen sie ihr oft, daß Sie sie lieben.

78. Denken Sie an Hochzeitstage, Geburtstage und andere besondere Tage.

79. Lernen Sie, gern einkaufen zu gehen.

80. Bringen Sie ihr Ihre Hobbies bei.

81. Machen Sie ihr von Zeit zu Zeit ein besonderes Geschenk.

82. Teilen Sie die Verantwortung für den Haushalt.

83. Setzen Sie ihre weiblichen Eigenschaften nicht herab.

84. Geben Sie ihr das Gefühl, daß sie sich frei und offen äußern kann, ohne fürchten zu müssen, dumm oder unlogisch genannt zu werden.

85. Wählen Sie Ihre Worte sorgfältig, besonders wenn Sie wütend sind.

86. Kritisieren Sie sie nicht in Gegenwart anderer.

87. Zeigen Sie ihr nicht, daß Sie eine andere Frau anziehend finden, wenn sie das stört.

88. Seien Sie feinfühlig im Umgang mit anderen Menschen.

89. Lassen Sie ihre Familie wissen, daß Sie Zeit mit ihr verbringen möchten.

90. Machen Sie manchmal das Abendessen.

91. Seien Sie verständnisvoll, wenn sie krank ist.

92. Rufen Sie vorher an, wenn Sie später heimkommen.

93. Streiten Sie sich nicht mit ihr in Gegenwart der Kinder.

94. Führen Sie sie zum Essen aus und fahren Sie manchmal übers Wochenende mit ihr weg.
95. Erweisen Sie ihr kleine Aufmerksamkeiten, die sie von Zeit zu Zeit braucht.
96. Schenken Sie ihr etwas, was sie als persönliches Geschenk betrachtet.
97. Geben Sie ihr Zeit zum Alleinsein oder zum Zusammensein mit ihren Freunden.
98. Lesen Sie ein Buch, das sie Ihnen empfiehlt.
99. Schenken Sie ihr ein Schmuckstück, auf dem eingraviert ist, daß Sie sie lieben.
100. Schreiben Sie für sie ein Gedicht darüber, wie einzigartig sie ist.

Wenn Ihre Frau anhaltend negativ reagiert, könnte das daran liegen, daß sie sich in einem oder beiden der folgenden Bereiche bedroht fühlt: in ihrer Sicherheit oder in den bestehenden Beziehungen.

Zum Nachdenken

1. Von wem sagt Jesus, daß er der größte in Seinem Reich sein würde? Matt. 20, 25-28.

2. Wenn wir wie Jesus denken wollen, müssen wir folgendes beachten:
   – Wie war Er gesinnt? Phil. 2, 5-8.
   – Was dachte Paulus zu diesem Thema? Phil. 2, 17-25.

3. Ein Mann soll seine Frau lieben, wie Christus die Gemeinde liebt. Wie liebt Jesus die Gemeinde? Eph. 5, 25-27, 29.

3
Wenn Ihre Frau nicht gewinnt, werden Sie selbst der Verlierer sein

„Denn wo euer Schatz ist, da ist auch euer Herz."
Matt. 6,21

Vor kurzem hatte ich die Gelegenheit, einige der verheirateten Mitglieder einer Cheerleadergruppe eines Fußballvereins zu interviewen. Wie ich feststellen konnte, hatten sie viele dergleichen Probleme wie andere Ehefrauen auch. Eine von ihnen sagte mir, die größte Enttäuschung für sie sei, zu wissen, daß sie nicht der wichtigste Mensch im Leben ihres Mannes ist.

„Selbst unser Hund ist ihm wichtiger als ich", sagte sie. „Wenn er nach Hause kommt, spielt er mit dem Hund. Von mir will er meist nur wissen, wann das Essen fertig ist", sagte sie seufzend.

Die glühende Liebe einer Frau für ihren Mann wird empfindlich abkühlen, wenn er anfängt, anderen Menschen oder irgendwelchen Aktivitäten Vorrang einzuräumen. Sehr oft ist er sich nicht einmal der Tatsache bewußt, daß seine verschobenen Prioritäten seiner Frau und ihrer Beziehung zueinander Schaden zufügen. Wenn eine Ehe glücklich sein soll, muß die Frau unbedingt wissen, daß sie einen besonderen Platz im Herzen ihres Mannes einnimmt.

Viele Männer sind schockiert, wenn ihre Frau sie nach zwanzig, sogar dreißig Ehejahren „ohne jeglichen Grund" verläßt. Sie meinen, sie hätten ihrer Frau alles gegeben, was sie nur brauchte… ein hübsches Heim, einen guten Wagen, genügend Geld, um die Kinder großzuziehen. Doch das war nicht genug. Warum? Weil eine Frau mehr braucht als materielle Dinge.

Ich habe schon erfolgreiche Geschäftsleute kennengelernt, die auf Grund ihrer beruflichen Fähigkeiten viel Geld verdienen, und deren Angestellte zufrieden sind, weil ihr Chef sie achtet und ihre Bedürfnisse kennt. Welch eine Ironie, daß diese intelligenten Männer abends nach Hause gehen können, ohne zu wissen, wie sie dieselben Grundsätze ihrer Frau gegenüber anwenden können! Ist es vielleicht so, daß sich das Wichtigste an ihrem Tag vor 5 Uhr abends abspielt? Ein Mann kann unabsichtlich auf nichtverbale Art und Weise zu verstehen geben, daß andere Menschen oder irgendwelche Freizeitbeschäftigungen ihm mehr bedeuten als seine Frau. Haben Sie schon einmal etwas von „Golfwitwen" gehört? Ob es sich um Golf oder Tennis, Vereinsaktivitäten oder ein Gemeindeamt handelt, Ihre Frau und Ihr Eheglück werden darunter leiden, wenn Sie den größten Teil Ihrer Zeit und Energie anderen Interessen widmen und für Ihre Frau nur der traurige Rest übrigbleibt.

Eine Frau kann sich unwichtig vorkommen, wenn sie vergleicht, wieviel Zeit ihr Mann mit ihr und wieviel Zeit er woanders verbringt. Einer Frau entgeht nicht, wie die Augen ihres Mannes aufleuchten und er ein ganz anderer Mensch wird, wenn es um seine Hobbies geht. Wenn Ihre Frau bei Ihnen nicht dieselbe Begeisterung spürt, wenn Sie mit ihr zusammen sind, wird sie bald der Gedanke quälen, versagt zu haben. Denn sie hat dann das Gefühl, daß sie für Sie nicht so attraktiv ist wie Ihre Freunde oder Freizeitbeschäftigungen. Das kann verheerende Auswirkungen auf das Selbstwertgefühl einer Frau haben.

Meine Frau hat mir diese Zusammenhänge in unserem fünften Ehejahr auf eindrückliche Weise demonstriert. Als ich eines Tages zum Mittagessen nach Hause kam, war sie gerade beim Geschirrspülen. Sie sagte kein Wort zu mir, und auch als ich versuchte ein Gespräch in Gang zu bringen, ging sie nicht darauf ein.

Mir wurde mit einem Mal klar, daß ich mich in einer heiklen Situation befand. Es fiel mir wieder ein, daß sie mich schon seit ein paar Tagen sehr kühl behandelt hatte, was ich fälschlicherweise irgendwelchen „Hormonveränderungen" zugeschrieben hatte.

„Ist irgend etwas zwischen uns nicht in Ordnung?" fragte ich.

„Das ist doch egal. Du würdest es sowieso nicht verstehen", gab sie zurück.

„Komisch, ich habe auf einmal gar keine Lust mehr, gleich wieder zur Arbeit zurückzugehen. Ich sehe, daß es hier ernsthafte Probleme gibt. Möchtest du nicht darüber sprechen? Ich weiß nicht genau, was ich falsch mache."

„Auch wenn ich es dir sagen würde, du würdest es entweder gar nicht verstehen oder du würdest dich nicht ändern, also was soll das dann? Wir wollen nicht darüber reden. Es tut zu weh. Es entmutigt und enttäuscht mich, wenn du sagst, daß du etwas tun wirst, und es dann doch nicht tust."

Doch ich ließ mich nicht beirren und sagte ihr, daß ich wirklich wünschte, sie würde es mir erklären, weil ich es einfach nicht verstand. Schließlich konnte sie in Worte fassen, welche Handlungen in den letzten fünf Jahren einen Keil zwischen uns getrieben hatten, und wodurch ich einen wichtigen biblischen Grundsatz verletzte.

„Du tust alles andere lieber, als deine Zeit mit mir zu verbringen: arbeiten, mit deinen Freunden zusammen sein oder andere Leute beraten."

Ich bat sie, das näher zu erläutern.

„Wenn wir etwas vorhaben, und es ruft jemand an, dann sagst du fast immer: 'Ich will nur eben mit meiner Frau sprechen und sehen, ob wir unsere Pläne nicht verschieben können.' Daß du mir das immer wieder antun kannst!"

Ich erklärte ihr, daß es für mich leichter sei, ihr abzusagen, als zu anderen Menschen nein zu sagen.

„Und was passiert, wenn ich ein besonderes Abendessen vorbereite und sogar den Tisch festlich decke? Du kommst heim oder rufst an und sagst, du hättest umdisponieren müssen. Du gehst mit anderen Leuten aus, so als ob ich gar nicht existiere und es dir gar nichts bedeutete, daß ich etwas Besonderes für dich tun wollte."

Dann sagte sie: „Jetzt ist mir alles egal. Ich will nichts Besonderes mehr für dich tun. Ich bin so oft enttäuscht worden, daß ich es gefühlsmäßig einfach nicht mehr verkrafte."

Sie machte mir bewußt, daß ich zwar immer für Leute Zeit hatte, die meinen Rat brauchten, aber mir nie Mühe gab, Zeit für sie zu finden. Und wenn ich meine Zeit mit ihr verbrachte, so sagte sie, dann war ich mit meinen Gedanken woanders und nicht besonders glücklich darüber, mit ihr zusammen zu sein.

Ich hörte ihr zu, als sie mir einige Stunden lang ihre innersten Gefühle offenbarte. Ich hatte keine Ahnung, was ich tun sollte, und war mir nicht sicher, ob ich mich ändern könnte. Aber ich konnte ihre Vorwürfe verstehen. Ich hatte sie vernachlässigt und durch mein Verhalten gekränkt. Als ich ihr recht gab, ging sie jedoch nicht darauf ein, und ich merkte, daß sie resigniert hatte.

Sie öffnete mir die Augen und zeigte mir, wie ich ständig gegen den biblischen Grundsatz aus 1. Petrus 3,7 verstieß, der, wie ich seither erkannt habe, der Eckstein einer jeden Beziehung ist. Ich hatte ihr nicht die Ehre gegeben. „Ehren" bedeutet im wesentlichen, einem anderen Menschen oder einer Sache hohen Wert, größte Wichtigkeit oder Bedeutung beizumessen. Norma kam sich weniger wichtig vor als mein Beruf oder meine Freizeitbeschäftigungen. Ohne mir dessen bewußt zu sein, erwies ich ihr nicht die Ehre, die ihr als dem wichtigsten Menschen in meinem Leben gebührte, dem nur meine Beziehung zu Jesus noch vorgehen sollte.

„Kannst du mir vergeben, wie ich dich behandelt habe?" fragte ich sie. „Ich will mich ändern. Ich nehme mir ganz fest vor, mich zu ändern."

„Das habe ich schon so oft gehört", erwiderte sie skeptisch.

Ich wußte nicht, wie lange ich brauchen würde, um mich zu ändern. Aber ich wußte, daß ich das nächste Mal, wenn jemand kurz vor dem Essen anrufen würde, fragen mußte: „Ist es dringend, oder können wir es morgen erledigen?" Ich mußte ihr zeigen, daß es mir wirklich ernst damit war, *zuerst* an ihre Bedürfnisse zu denken.

Ich *wollte* ihr sagen, daß sie der wichtigste Mensch in meinem Leben ist, und ich *wollte* es auch fühlen. Am Anfang hatte ich dieses Gefühl nicht, aber ich *wollte* es haben. Als ich mich darum bemühte, sie für wichtiger als irgend jemanden sonst zu halten, begann ich bald auch zu *fühlen,* daß sie die Nummer eins war. Gefühle *folgen* dem Denken und Handeln. Mit anderen Worten, das zärtliche Gefühl, das ich für Norma habe, entstand in mir, *nachdem* ich ihr den ersten Platz in meinem Leben eingeräumt hatte.

In den ersten zwei Jahren, in denen ich versuchte, nach diesem Grundsatz zu leben, wurden meine Gefühle häufig verletzt, mein Stolz gebrochen und mein Ego angeknackst, da zwischen uns nicht immer alles harmonisch verlief. Doch weil ich mich so sehr bemühte, glaubte Norma endlich, daß es mir wirklich ernst damit war, mich zu ändern. Aber ich brauchte zwei Jahre, um sie zu überzeugen.

Von Norma und auch von anderen Frauen weiß ich, daß es einer Frau nicht genügt, nur Versprechungen zu hören, sondern daß sie ein ehrliches Bemühen sehen muß. Wenn Ihre Frau anfangs nicht glaubt, was Sie sagen, dann lassen Sie ihr Zeit, zuzusehen, wie Sie den Berg besteigen. Zeigen Sie ihr, daß Sie allmählich lernen, die Felsen zu erklimmen und über Felsspalten sicher hinwegzukommen. Je beständiger ein Ehemann in seiner Liebe ist, desto vertrauenswürdiger wird er für seine Frau. Bald wird sie sich ihm dann auf seinem Weg zum Ziel einer glücklichen Ehe anschließen.

Als ich Norma schließlich zu ehren begann, war das die größte Liebeserklärung, die ich ihr jemals gemacht habe. Sie bedeutet mir mehr als irgend etwas anderes auf der Welt – und sie weiß es.

Welche Beweise eine Frau braucht, um ihrem Mann glauben zu können

In mindestens drei Bereichen muß eine Frau eine Änderung erkennen können, ehe sie glauben kann, daß ihr Mann es ernst meint.

Aufmerksames Zuhören ohne Rechtfertigungen oder Auseinandersetzungen.
Können Sie sich vorstellen, daß ein Mann jede einzelne Handlung, mit der er seine Frau verletzt hat, rechtfertigen kann? Martin dachte, er könnte das. Er und seine Frau konnten nicht länger als 15 Minuten miteinander sprechen, ohne sich in die Haare zu geraten. Durch seine logischen Deduktionen stand am Ende immer seine Frau als die Schuldige da.

Doch schließlich sagte Martin zu Katrin, er wolle sich ändern und sie wirklich lieben. Ein paar Stunden später schlug sie ihm vor, mit ihr einen kurzen, ruhigen Urlaub zu verbringen, damit sie sich neu kennenlernen konnten.

„Das ist doch wohl nicht dein Ernst?" erwiderte er, und machte damit ihre Hoffnung auf ein besseres gegenseitiges Verständnis zunichte. „Du meinst, ich soll doppelte Miete bezahlen – für ein Hotel und hier für die Wohnung?"

Es kam zu einer Auseinandersetzung über dieses Thema, der im Laufe des Monats noch andere folgten, bis sich ihre Beziehung immer weiter verschlechterte, und sie ihn schließlich verließ. Er hatte ihr nicht ruhig ohne Einwände zuhören wollen, als sie von ihren Bedürfnissen sprach. Deshalb hat er sie am Ende verloren.

Es ist für einen Mann oft schwierig, sich mit einer Frau zu unterhalten, ohne die Bedeutung verschiedener Worte in Frage zu stellen, die sie verwendet, um ihre innersten Gefühle zu beschreiben. Wenn ein Mann von den *konkreten Worten,* mit denen seine Frau sich ausdrückt, absehen kann und sich statt dessen daran hält, was sie damit *meint,* werden sie sich viel weniger streiten. Ich kenne einen Mann für den das nahezu ein Ding der Unmöglichkeit ist. Wenn seine Frau Wendungen gebraucht wie: *„Nie* tust du dies" oder *„Immer* machst du das", antwortet er zwangsläufig: „Oh nein, *immer* tue ich das nicht." Oder er fängt an, ihre Aussagen zu analysieren, um zu beweisen, daß sie unbegründet sind. Innerhalb von zehn Minuten sind sie wieder mitten in einer hitzigen Debatte. Wenn die Kommunikation funktionieren soll, muß man unbedingt über die Worte hinweg auf die eigentliche Bedeutung sehen.

Die Bedeutung liegt nicht in einem Wort, sie liegt bei den Menschen. Jeder hat seine eigene Definition für ein bestimmtes Wort. Wir verbinden eine Bedeutung mit einem Wort auf Grund unserer eigenen individuellen Erfahrungen. Wenn wir uns anderen Menschen mitteilen wollen, benutzen wir Worte, von denen wir meinen, daß sie unsere Gedanken genau wiedergeben. Ich benutze vielleicht in diesem Buch Worte, die Sie mögen, oder solche, die Sie ärgern. Oder möglicherweise sagen meine Worte Ihnen gar nichts, weil Sie ein anderes Bezugssystem haben, oder weil meine Definitionen von den Ihren verschieden sind. Deshalb bemühe ich mich, alle wichtigen Aussagen zu veranschaulichen, um so einen gemeinsamen Bezugspunkt herzustellen.

Wenn wir damit aufhören können, unser Handeln zu rechtfertigen und über die Worte, die unsere Frau benutzt, zu streiten, können wir zum Kern der Sache kommen. Wir können versuchen, die Aussagen unserer Frau neu zu formulieren, bis sie sagt, daß wir die Bedeutung ihrer Worte verstanden haben: „Meinst du das?" oder „Verstehe ich dich da richtig?" Vermeiden Sie aber um jeden Preis sarkastische Fragen wie: „Ist es vielleicht das, was du dich so verzweifelt zu sagen bemühst?" Die zarten Ansätze zu einer Verbesserung der Beziehung können durch das Überlegenheitsgefühl des Mannes im Keim erstickt werden.

Die Bereitschaft, Fehler einzugestehen

Unzählige Frauen und Kinder haben mir erzählt, wie die Beziehungen in ihrer Familie gelitten haben, weil der Mann oder der Vater nicht bereit war, Fehler zuzugeben. Obwohl Männer manchmal meinen, es sei ein Zeichen von Schwäche, Fehler einzugestehen, trifft gerade das Gegenteil zu. Erinnern Sie sich nur einmal an die Gelegenheiten in Ihrem Leben, als jemand zugab, Ihnen unrecht getan zu haben. Höchstwahrscheinlich haben Sie ihn daraufhin mehr und nicht weniger respektiert.

Ein Freund erzählte mir, er habe einmal einem Kollegen gegenüber eine diskriminierende Bemerkung gemacht, die diesen tief verletzte. Doch es wurde nicht darüber gesprochen. Auf dem Nachhauseweg fühlte mein Freund sich unbehaglich und schuldig, weil er so etwas gesagt hatte. Also machte er kehrt und fuhr zurück, um sich mit dem Mann auszusprechen.

Als er ins Zimmer kam, sagte er: „Ich habe vorhin etwas sehr Beleidigendes zu Ihnen gesagt. Ich weiß, daß ich im Unrecht war, und bin zurückgekommen, um Sie für das, was ich gesagt habe, um Verzeihung zu bitten."

Der Mann fiel vor Überraschung fast vom Stuhl. Natürlich vergab er meinem Freund, und ich bin sicher, daß er ihn um so mehr respektierte. Wenn man ein Fehlverhalten eingestehen kann, hat das eine positive Wirkung. Wenn ein Mann zugibt, daß er seine Frau verletzt hat, fühlt sie sich besser, weil sie dann weiß, daß er sie versteht. Sein Eingeständnis eines Fehlers trägt wesentlich zur Festigung der Ehe bei.

Geduld, wenn sie nicht glaubt, daß er sich geändert hat

Was geschieht, wenn Sie alles in Ihrer Macht Stehende getan haben, um Ihrer Frau zu zeigen, daß sie in Ihrem Leben die erste Stelle einnimmt, und sie immer noch nicht glauben will, daß Sie sich geändert haben? Wenden Sie sich mit einem angewiderten Achselzucken ab? Oder versuchen Sie, Ihre Frau sanft und geduldig zu überzeugen? Ich hoffe, Sie tun letzteres. Der Respekt, den sie einmal für Sie hatte, ist nicht über Nacht verschwunden und kann auch nicht in einem Tag zurückgewonnen werden. Zeigen Sie ihr, daß Sie ihre Achtung gewinnen möchten, wie lange es auch dauern mag.

Zwei Gründe, warum eine Frau für ihren Mann weniger wichtiger werden kann

Was bringt einen Mann dazu, wenn er von der Arbeit nach Hause kommt, seinen kleinen Sohn auf den Arm zu nehmen und mit ihm zu schmusen, ohne seine Frau überhaupt zu begrüßen? Wie kann ein Mann geradewegs in die Garage gehen, um eine Arbeit aufzunehmen, ohne seiner Frau überhaupt mitzuteilen, daß er wieder zu Hause ist, wenn er an der Küche vorbeigeht? Warum *verliert* ein Mann seine Liebe und Begeisterung für eine Frau nach der Hochzeit? Meiner Ansicht nach gibt es zwei Gründe dafür.

1. Ein Mann wird eine Frau mit Worten, Blumen oder anderen Dingen umwerben, um sie zu *gewinnen*. Aber nach der Hochzeit hat er das Gefühl, sie erobert zu haben. Sie gehört ihm, deshalb besteht für ihn kein Grund, dasselbe Maß an Begeisterung und Phantasie zu zeigen wie vor der Hochzeit. Sie ist gefühlsmäßig und rechtmäßig „seine" Frau. Der Mann mag sich sagen: „Jetzt habe ich meine Frau. Nun muß ich im Beruf vorwärts kommen, ein besserer Sportler werden, eine Familie gründen." Jedes neue Ziel ist für ihn eine neue Eroberung und eine neue Erfahrung.

2. Für einen Hungrigen ist fast alles süß, aber wenn er satt ist, findet er selbst an Honig keinen Geschmack (Sprüche 27,7). Ein Mann ist in einem ganz konkreten Sinn „satt", wenn er geheiratet hat, weil seine Frau nun ein Teil von ihm ist. Er meint, er habe sie nun in jeder Hinsicht kennengelernt – geistlich, emotional, geistig und körperlich. Es mag ihm so vorkommen, als gäbe es nichts Neues mehr an ihr zu entdecken. Er ist satt und neigt deshalb dazu, nach anderen „Zielen" Ausschau zu halten.

Für eine Ehe ist es gesund, wenn Mann und Frau ihre Beziehung lebendig und phantasievoll halten, indem sie eine Herausforderung füreinander bleiben. Ich erinnere mich, daß dies Normas Attraktivität für mich entscheidend erhöhte. Wir waren seit drei Jahren gelegentlich miteinander ausgegangen, als ich hörte, daß ich einen ernstzunehmenden Rivalen hatte. In dem Moment, in dem ich mir vorstellte, daß ich sie verlieren könnte, entwickelte ich viel mehr Phantasie. Ich fühlte mich herausgefordert, unsere Beziehung zu festigen.

Aber nachdem wir verheiratet waren, konzentrierte ich mich, wie so viele Männer, auf andere Ziele, wie meine Ausbildung und meine Karriere. Ihre Liebe zu gewinnen, war für mich nicht mehr ein vorrangiges Ziel, und deshalb verwandte ich meine ganze Energie auf die Sache, die mir augenblicklich am wichtigsten erschien. Wenn eine Frau nun lernen kann, für ihren Mann wieder eine Herausforderung zu werden, wird ihn das anspornen. Das heißt aber nicht, daß sie einfach nur die „Unnahbare" spielen soll; sie soll vielmehr ein größeres Selbstbewußtsein zeigen und ihren Mann wissen lassen, daß sie nicht allein von ihm abhängig ist, sondern auch in anderen Bereichen ihres Lebens Erfüllung findet, wie z.B. in ihrer Beziehung zu Gott.

Wie Sie die Liebe Ihrer Frau – und noch mehr – gewinnen können

Wenn Sie einmal wählen müßten, den Abend mit Ihren Freunden oder mit Ihrer Frau zu verbringen, so muß sie wissen, daß Sie sich für sie entscheiden würden, weil Sie gern mit ihr zusammen sind.

Ebenso muß sie wissen, daß Ihre Wahl auf sie fallen würde, falls Sie sich einmal zwischen ihr und den Kindern entscheiden müßten. Sie muß wissen, daß sie die Nummer eins für Sie ist. Wenn sie sich sicher ist, daß sie in Ihrem Leben den ersten Platz einnimmt, dann wird sie Sie ermutigen, den Dingen nachzugehen, die Sie gern tun.

Ich bin beispielsweise sechs Wochen von meiner Familie getrennt, um dieses Buch zu schreiben. Vor einigen Jahren wäre meine Frau schon von dem Vorschlag einer so langen Trennung entsetzt gewesen. Doch heute kann sie ihm so begeistert zustimmen wie ich, weil sie weiß, daß ich so *unseren* Traum verwirklichen kann, nämlich unsere Ansichten über die Ehe niederzuschreiben. Und was noch wichtiger ist, sie weiß ganz genau, daß ich viel lieber mit Ihr zusammen wäre als mit meiner Sekretärin und meinem Verleger.

Wenn Sie Ihrer Frau die erste Stelle einräumen, werden Sie dadurch nicht ans Haus gefesselt; Sie werden sich viel mehr auf das Heimkommen freuen können.

„Warum läßt du mich heute abend nicht allein zu der Versammlung gehen, und gehst statt dessen zu dem Basketballspiel?" sagte Maria. Ihr Mann war angenehm überrascht. Vor gar nicht allzu langer Zeit war es zwischen ihnen immer wieder zu Differenzen wegen seiner Baskettballeidenschaft gekommen. Ja, sie hatten sogar schon an eine Trennung gedacht, weil er nicht das Wissen und die Fähigkeit besaß, richtig mit ihr umzugehen, und sie nicht die seelische Kraft hatte, weiter mit ihm zu leben oder ihn zu lieben. Heute gibt er immer ihr den Vorrang vor seiner Arbeit, seinen Hobbies, etc. Und Maria ermutigt ihn nun von selbst dazu, seinen Interessen nachzugehen, weil sie weiß, daß sie den ersten Platz in seinem Leben innehat.

Meine Frau ermutigt mich auch, meine Hobbies Jagen und Angeln zu genießen, weil sie die Gewißheit hat, daß sie für mich am wichtigsten ist. Sie weiß, daß ich mich, wenn es nötig ist, immer zuerst um sie und die Kinder kümmern würde, und nicht um meine Freizeitbeschäftigungen.

Je sicherer eine Frau weiß, daß sie für ihren Mann wichtig ist, desto mehr ermutigt sie ihn, die Dinge zu tun, die ihm Spaß machen.

Fragen Sie sich, ob Ihre Frau fühlt, daß sie Ihnen wichtiger ist als alle anderen Menschen oder Dinge in Ihrem Leben? Durch die folgende Überlegung können Sie es herausfinden.

Machen Sie zuerst eine Liste Ihrer Lieblingsbeschäftigungen. Schreiben Sie dann auf, womit Sie an jedem Tag der Woche Ihren Feierabend verbringen, und als drittes, wo Sie am liebsten Urlaub machen.

Sehen Sie sich diese drei Listen noch einmal an und fragen Sie sich: „Gibt es irgend etwas auf diesen Listen, was ich lieber mache, als mit meiner Frau zusammen zu sein?" Wahrscheinlich schon. Und wenn das so ist, dann haben Sie Ihrer Frau mit größter Wahrscheinlichkeit bereits „mitgeteilt", daß sie Ihnen nicht so wichtig ist wie Ihre Hobbies, obwohl Sie es nie direkt ausgesprochen haben. Da eine Frau ein sehr feines Wahrnehmungsvermögen hat, weiß sie, wo Ihr Herz ist, auch wenn Sie kein einziges Wort gesagt haben. Aber das heißt noch lange nicht, daß es für Sie schon zu spät wäre, sich zu ändern.

Ihre Frau hat eine „Antenne" für Ihre Aufrichtigkeit

Um das, was einem viel bedeutet, kümmert man sich gut. Oder wie Jesus es ausdrückte: „Denn wo euer Schatz ist, da ist auch euer Herz" (Matt. 6,21). Wenn Angeln Ihr Hobby ist, werden Sie wahrscheinlich nicht gern Ihre Angelausrüstung verleihen. Wenn Sie gern jagen, werden Sie wahrscheinlich wissen, wie man ein Gewehr richtig putzt und ölt. Aufgrund der Zeit, die Sie für bestimmte Sachen aufwenden, fühlt Ihre Frau genau, was Ihnen am wichtigsten ist. Wenn sie nicht spürt, daß Sie sich um sie genauso kümmern wie um Ihre anderen Interessen, wird sie wissen, daß sie nicht so wichtig für Sie ist. Das wird ihr Selbstwertgefühl zerstören und kann zu körperlichen wie auch seelischen Problemen führen. Die Gefühle, mit denen sie jetzt zu kämpfen hat, können nach Jahren in Form von ernsten körperlichen Leiden zu Tage treten.

Einige Männer schrecken jedoch davor zurück, ihre Frau mit besonderer Aufmerksamkeit zu behandeln, weil sie befürchten, ihre Freunde, ihre Karriere oder ihre Hobbies könnten zu kurz kommen. Sie haben die irrtümliche Vorstellung, wenn sie ihre Aktivitäten zugunsten ihrer Frau aufgeben, würden sie sie für immer aufgeben. Vergessen Sie nicht, wenn eine Frau fühlt, daß sie für ihren Mann das Wichtigste ist, freut sie sich mit ihm, wenn er die Dinge tun kann, die ihm Spaß machen.

Wie ich die Liebe meiner Frau und alles andere gewann

Als wir zehn Jahre verheiratet waren, hatte ich das Gefühl, endlich in meinem Beruf erfolgreich zu sein. Ich hatte das Vorrecht, regelmäßig im Auftrag verschiedener Organisationen in unserer Stadt und im ganzen Land sprechen zu dürfen. Meine Frau und ich hatten ein schönes Heim und zwei Kinder. Was könnte sich ein Mann noch mehr wünschen? Dann geschah etwas, was ich für eine Tragödie hielt. Norma wurde wieder schwanger. Ich war alles andere als begeistert. Ich war eher deprimiert, wenn ich daran dachte, daß unser Jüngster erst seit zwei Jahren keine Windeln mehr brauchte. Gerade fing ich an, mit meinen Kindern Spaß zu haben, und der Gedanke, wieder ein Baby im Haus zu haben, behagte mir ganz und gar nicht.

Obwohl ich mich bemühte, nett zu Norma zu sein, konnte ich meine Enttäuschung nicht verbergen. Ich hatte die Befürchtung, daß ich nicht mehr soviel reisen könnte und gezwungen wäre, einen weniger angesehenen Posten in der Firma zu übernehmen. In den folgenden Monaten hatte ich immer mehr zu tun, und ich kündigte

meiner Frau an, daß ich ihr wegen meiner beruflichen Verpflichtungen nicht mit den Kindern helfen könnte. Sogar an dem Tag, als
unser Sohn geboren wurde, dachte ich noch mit Sorge daran, daß er
meine beruflichen Träume möglicherweise gefährden könnte.

In dem ersten Jahr nach seiner Geburt litt Normas Gesundheit, da
sie sehr wenig Schlaf bekam und sich ja auch noch um zwei andere
kleine Kinder kümmern mußte. Unser Baby mußte operiert werden
und war oft krank, wodurch Norma noch mehr belastet wurde. Wie
grausam war ich doch während dieses Jahres! Wenn das Baby nachts
weinte oder besondere Fürsorge brauchte, erinnerte ich Norma sehr
schnell daran, daß er ihr Sohn sei. Schließlich hatte sie noch ein Baby
gewollt, nicht ich.

So verging ein Jahr, bis Norma eines Tages zu mir sagte: „Ich halte
es nicht mehr aus. Ich wünschte, ich hätte die seelische und körperliche Kraft, mich um die Kinder zu kümmern, sie zu erziehen und zu
bestrafen, aber ich kann es einfach nicht, wenn ihr Vater nie da ist."

(Norma hatte eine neue geistliche Ebene erreicht, da sie erkannt
hatte, daß sie durch ihre feindliche Einstellung zu meinen beruflichen
Verpflichtungen eigentlich Röm. 8,28 in Frage stellte – Gott kann alle
Dinge zum besten werden lassen für die, die ihn lieben, und besonders für die, die andere lieben (wie es Sein Wille ist). Sie hatte Gott
nie für meine Arbeit gedankt und Ihn nie gebeten, daraus in ihrem
Leben Gutes erwachsen zu lassen. Durch all die zusätzlichen Verantwortungen gab sie schließlich ihren Widerstand auf und bekannte
Gott, daß sie nicht länger mit Ihm um meine Arbeit kämpfen konnte.
Dadurch bekam sie eine neue innere Ruhe, die für mich zu einer
großen Motivation wurde, (entsprechend der Aussage von 1. Petrus
3, 1-6.)

Sie forderte nichts. Sie war nicht wütend. Sie stellte einfach die Tatsache fest. Sie konnte nicht mehr. Ich konnte ihr vom Gesicht
ablesen, wie *dringend* es war, und wie *ruhig* sie dabei war, und ich
erkannte, daß sie auf meine Hilfe angewiesen war. Ich stand vor einer
wichtigen Entscheidung. Sollte ich zu meinem Chef gehen und ihn
um einen anderen Posten bitten? Um eine Arbeit, die mir ermöglichen würde, mehr Zeit zu Hause zu verbringen? Es war ein Kampf
für mich, da ich wußte, daß ich einen weniger angesehenen Posten
bekommen würde. Ich hatte das Gefühl, daß ich einige meiner beruflichen Ziele opfern müßte. Innerlich grollte ich meiner Frau und

meinem Sohn für ihre Schwachheit. Aber ich gab nach. Nervös und verlegen ging ich zu meinem Chef, um ihm zu erklären, daß ich wegen meiner Kinder mehr zu Hause sein müßte. „Besteht die Chance, einen anderen Posten zu bekommen, der es mir erlauben würde, mehr zu Hause zu sein?"

Mein Chef half mir freundlicherweise und gab mir eine andere Stelle. Aber ich empfand die neue Arbeit als Degradierung. Man verlangte von mir Dinge, für die ich nur wenige Wochen zuvor meine Untergebenen ausgebildet hatte. Welch ein Schlag für mich!

Eine Zeitlang war ich niedergeschlagen, aber bald fand ich Geschmack am Familienleben. Ich freute mich richtig auf 5 Uhr.

Ich begann, mehr mit meiner Familie zu unternehmen, wie gemeinsame Campingfahrten oder andere besondere Aktivitäten. Es dauerte nicht lange, und Norma und ich empfanden eine ganz neue Liebe füreinander. Norma fühlte sich langsam körperlich fitter, wodurch sie fröhlich und ausgeglichener wurde. Sie änderte einige Gewohnheiten, die mich störten, ohne daß ich sie dazu drängte. Das „große" Opfer Karriere erschien mir mit jedem Tag kleiner, verglichen mit der Bereicherung, die wir mit der Zeit in unserer Beziehung erfuhren.

Nach ein paar Monaten gab mein Chef mir dann eine neue Stellung, die mir viel besser gefiel als die, die ich vorher aufgegeben hatte. Zu diesem Zeitpunkt war sich Norma meiner so sicher, daß sie nichts gegen die neue Arbeit oder die dafür erforderlichen Reisen einzuwenden hatte. Ich steckte zuerst zurück und gab etwas auf, aber auf lange Sicht habe ich nur gewonnen. Das entspricht fast genau dem Grundsatz, den Jesus in Markus 8,34-37 erklärt.

Selbst heute wird unser Sohn Michael, wenn ich ihn frage: „Warum bist du so wichtig für Vati?" sagen: „Weil ich dich zu Mama und der Familie zurückgebracht habe."

Wenn Sie Ihre Frau spüren lassen, daß sie Ihnen wichtig ist, wird das unglaubliche Folgen haben

Eines Morgens reagierte Sandra so positiv auf Rolands Zärtlichkeiten, daß er total verblüfft war. Wodurch hatte Roland sie motiviert? Durch eine ganz einfache Bemerkung. Er machte sich an diesem Morgen gerade für die Arbeit fertig und war schon etwas spät dran, als er hörte, wie Sandra über zunehmende Kopf- und Nackenschmerzen klagte.

„Laß mich dir den Nacken massieren", bot ich ihr an. „Nein, du hast keine Zeit mehr", antwortete sie. „Du mußt zur Arbeit gehen."

Für gewöhnlich hätte er darauf erwidert: „Ja, du hast recht. Ich will nicht zu spät kommen. Ich hoffe, es geht dir bald besser. Nimm ein Aspirin."

Doch an diesem Morgen sagte er: „Weißt du was, ich bleibe lieber bei dir. Laß mich dir den Nacken massieren." Als er sanft ihre verspannten Muskeln massierte, fuhr er fort: „Die Arbeit kann warten. Du bist mir wichtiger." Sie war von dieser Einstellung so begeistert und von seiner Sensibilität und Zärtlichkeit so ermutigt, daß sie ihm sagte, sie könne kaum widerstehen, sich ihm in jeder Beziehung hinzugeben.

Wir Männer sind uns nicht darüber bewußt, welch eine Wirkung es auf unsere Frau hat, wenn wir einfühlsam und zärtlich sind und ihr unsere unerschütterliche Liebe zeigen.

Wünschen Sie sich eine glückliche Ehe? Sie können sie bekommen, wenn Sie anfangen, Ihre Frau mehr zu lieben als irgend jemand anderen oder irgendeine Beschäftigung.

Die folgenden Fragen können Ihnen als Ausgangspunkt für ein Gespräch mit Ihrer Frau dienen, wenn Sie erfahren wollen, wie sie selbst den Stellenwert, den sie für Ihr Leben hat, empfindet:

1. Spürst du, daß du die wichtigste Person in meinem Leben bist?
2. Meinst du, daß irgendwelche Beschäftigungen für mich wichtiger sind als du?
3. Gibt es besondere Möglichkeiten, wie ich dir besser zeigen könnte, wie wichtig du für mich bist?

Denken Sie daran, je mehr Sie dafür tun, eine intakte Beziehung aufzubauen, desto wohler werden Sie sich in Ihrer Ehe fühlen. Wenn Sie Ihr Freizeitprogramm ändern, um Ihre Ehe zu bereichern, wird es Ihnen anfangs möglicherweise so vorkommen, als ob Sie Ihre Lieblingsbeschäftigung aufgeben würden. Aber auf lange Sicht werden Sie nicht nur eine bessere Ehe bekommen, sondern eine größere Freiheit, das Leben zu genießen. Heute würde ich meine tiefe Freundschaft mit Norma für nichts auf der Welt eintauschen wollen. Ich erkenne immer mehr, daß eine Frau ihren Mann um so mehr dazu ermutigt, sein Leben zu genießen, je wichtiger sie für ihn ist.

Wie ein Mann durch seine Liebe seine Frau vor der Nervenklinik bewahrte

Der Psychiater wollte die Frau in die örtliche Nervenklinik einweisen. Für ihren Mann war das eine totale Überraschung und eine Herausforderung, aber er hatte keine Ahnung, wie er ihr helfen könnte. Er suchte beim Pfarrer Rat, der ihm sagte, er sollte seiner Frau einfach die Möglichkeit geben, sich auf seinen Schoß zu setzen und ihm ihre wahren Gefühle über ihn mitzuteilen.

Er befolgte diesen Rat, aber es war nicht einfach für ihn. Es war sehr schmerzlich, all dem zuzuhören, was sie darüber zu sagen hatte, wie er durch sein Verhalten die Ehe geschwächt hatte. Während des Gesprächs klingelte das Telefon, und er fühlte sich durch das Klingeln wie erlöst. Sie ärgerte sich, weil sie glaubte, er würde wahrscheinlich nicht mehr zurückkommen. Aber dann hörte sie ihn etwas sagen, das sie nicht nur vor einem Zusammenbruch bewahrte, sondern sogar dazu veranlaßte, in ein Nachthemd zu schlüpfen, um verführerisch für ihn zu sein (diesen Wunsch hatte sie seit Jahren nicht mehr gehabt). Als er vom Telefonieren zurückkam, schmiegte sie sich wieder an ihn.

Was hatte er zu seinem Vorgesetzten gesagt? Er hatte einfach gefragt: „Könnte nicht jemand anders die Aufgabe heute abend übernehmen? Ich bin gerade mitten in einem wichtigen Gespräch mit meiner Frau. Es ist wirklich wichtig, und ich möchte nicht an dieser Stelle aufhören müssen."

Dieser Mann hatte damit angefangen, seiner Frau zu beweisen, daß sie für ihn ganz besonders wertvoll war. Als Folge davon stabilisierte sich ihre seelische Verfassung, und sie mußte nicht in die Klinik.

Zum Nachdenken

1. Was ist die Grundbedeutung des Wortes „Ehre"? 1. Petrus 3,7.

2. Wie können Ihre Gefühle für Ihre Frau vertieft werden? Matt. 6,21

4
Ihre Frau braucht Ihren Trost, nicht Ihre Belehrungen

„So ziehet nun an ... herzliches Erbarmen, Freundlichkeit, Demut, Sanftmut, Geduld."
Kol. 3,12

Als ich in die Garageneinfahrt einbog, hörte ich einen scheußlichen dumpfen Schlag unter dem Reifen, ein paar Sekunden vorher war unsere Katze erwartungsvoll auf unser Auto zugelaufen, um uns zu begrüßen.

„Paß auf Pussi auf", hatte Norma gesagt.

„Oh, die geht schon aus dem Weg", entgegnete ich.

Ich war nicht schnell gefahren. „Oh, nein", sagte ich leise. „Kann mir jemand aus diesem Schlamassel heraushelfen?" Meine Familie dachte, es handle sich mal wieder um einen meiner Scherze darüber, daß ich unsere zwei Katzen loswerden wollte.

Unser ältester Sohn sprang aus dem Auto, schaute darunter und ließ sich weinend auf den Boden fallen. Unsere Tochter fing an zu schluchzen, und unser Jüngster wachte auf und stimmte in den Chor mit ein. Das totale Chaos brach aus. Sie fingen alle an, mich zu beschuldigen, ich hätte die Katze absichtlich überfahren. Wie bedauerte ich, daß ich jemals darüber gescherzt hatte!

Pussi war das Junge unserer anderen Katze, die wir alle sehr liebten. Aber die Kinder liebten Pussi noch mehr. Wir hatten das junge Kätzchen behalten, weil es krank war. Es hatte einen ganz aufgeblähten Bauch, was sich immer mehr verschlimmerte. Schließlich mußte ich Pussi zum Tierarzt bringen, der ihn am Bruch operierte. Doch die Operation war kein Erfolg. Nach ein paar Monaten mußte ich Pussi zu einer zweiten Operation zum Tierarzt bringen. Und dabei hatte ich das Kätzchen eigentlich nicht gewollt. Ich hatte zu meiner Familie gesagt: „Diese Katze wird mich ein Vermögen kosten." Ich hatte all die für einen Mann typischen Dinge gesagt und war blind dafür gewesen, wie sehr ich meiner Familie damit weh tat.

Nun hatte ich die Katze überfahren und alle beschuldigten mich. Als sie mich anschrien, hätte ich am liebsten zurückgeschrien. Doch was Norma mir in der Vergangenheit über sich und die Kinder erklärt hatte, ließ mir die Worte in der Kehle stecken bleiben. „Sag nichts. Nimm mich oder die Kinder einfach in die Arme, wenn etwas Schreckliches passiert", hatte sie gesagt.

Sie veranstalteten einen solchen Lärm in unserem Vorgarten, daß die Nachbarn wahrscheinlich dachten, ich würde sie alle umbringen. Ich war so verlegen und niedergeschmettert, daß ich sie alle ins Haus scheuchte. Dann nahm ich Karin in die Arme. Als ich Greg umarmen wollte, spürte ich genau, daß er nicht von mir berührt werden wollte. Ich versuchte, den Arm um Norma zu legen, aber sie warf mir nur einen jener vertrauten Blicke zu, die sich eine Frau für die Momente aufspart, wenn ihr Mann versagt.

„Das wolltest du doch immer, oder?" fragte sie. „Du wolltest sie loshaben." Darauf ging sie ins Schlafzimmer und machte die Tür zu.

Ich sagte immer noch nichts. Ich wurde nicht wütend, obwohl ich mich von meiner Familie völlig mißverstanden fühlte. Durch laute Worte würde ich nichts ändern können, das war mir klar. Da auch Michael vor meiner Berührung zurückwich, gingen Greg und ich nach draußen, um Pussi zu holen und zu begraben. Wir brachten sie zu unserem kleinen „Friedhof", wo auch Peter, unser Kaninchen, begraben ist. Greg schluchzte immer noch: „Es wird nie wieder so sein, wie es einmal war." Greg liebte diese Katze so sehr, wie man nur irgend etwas lieben kann. Als wir sie begraben hatten, betete ich, und Greg beschloß den Trauergottesdienst.

Ich fühlte mich elend, als ich wieder ins Haus ging. Die zwölfjährige Karin tröstete gerade den fünfjährigen Michael. „Michael, es war Pussis Zeit zu sterben. Es war ihre Zeit."

Als Greg sich zum Schlafengehen fertig machte, ging ich in sein Zimmer und nahm ihn in die Arme. Seine Augen waren ganz rotgeweint; er fragte mich: „Was soll ich jetzt machen, wenn ich von der Schule nach Hause komme? Was soll ich bloß machen, Vati? Pussi wird nicht mehr da sein und mir auf den Arm springen." Auch ich weinte.

Die tapfere kleine Karin stand in der Diele, nachdem sie Michael ins Bett gebracht hatte. „Nun ist alles vorbei", sagte sie. „Es war Pussis Zeit. Weißt du was, ich glaube, wir können jetzt den Kuchen essen." (Wir hatten nach der Kirche Kuchen und Milch für einen gemütlichen Abendimbiß gekauft.)

„Karin, wenn du willst, kannst du das tun, aber ich möchte jetzt nichts. Ich kann heute abend einfach nichts essen", sagte ich.

Als ich die Tür zum Schlafzimmer öffnete, fragte ich mich, ob meine Frau wohl schon bereit sei, mit mir zu reden. Sie hatte mir in der Vergangenheit oft gesagt: „Fordere nichts. Warte, bis ich mit dir sprechen kann."

Ich kniete mich neben sie und nahm sie sanft bei der Hand. „Wie fühlst du dich?" fragte ich sie.

„Es geht mir schon besser. Ich weiß, daß du es nicht absichtlich getan hast. Ich konnte nur nicht damit fertig werden", antwortete sie.

„Das ist schon in Ordnung", versicherte ich ihr. „Ich verstehe dich. Erinnerst du dich an all die Dinge, die ich zum Spaß über Pussi gesagt habe? Das tut mir wirklich leid. Du kannst sicher sein, daß ich über so etwas nie wieder scherzen werde. Würde es dir helfen, wenn wir unsere andere Katze von nun an im Haus behalten würden?" In den folgenden Wochen sagte ich ab und zu: „Norma, es tut mir wirklich leid, daß Pussi nicht mehr da ist und dir auf den Arm springt." Dann lehnte sie den Kopf an meine Schulter und sagte: „Ja, ich weiß, ich vermisse sie auch."

Durch diese schmerzliche Erfahrung habe ich mehr darüber gelernt, wie ich meine Frau trösten kann, als ich es in langen sorgenfreien Jahren gekonnt hätte.

Lassen Sie sich von Ihrer Frau erklären, wie Sie in Krisensituationen am besten auf sie eingehen können

Die wichtigste Lektion, wie ich meine Frau trösten kann, habe ich wahrscheinlich an dem Tag erhalten, als sie mir in aller Ruhe sagte, sie könne es nicht mehr ertragen, daß ich soviel arbeite und ihr die ganze Verantwortung für Kinder und Haushalt aufbürde. Dadurch daß sie mir, ohne zu drohen, ihre Grenzen vor Augen führte, rührte sie etwas in mir an. Ich weiß nicht, ob sie an meine männlichen Beschützerinstinkte appellierte, oder was es sonst war. Aber als sie mir sagte, sie könne den Druck, für den ich verantwortlich war, nicht mehr aushalten und stehe am Rand eines Zusammenbruchs, wollte ich sie so gerne von diesem Druck befreien.

Ich habe festgestellt, daß eine solche Haltung, bei der auf Drohungen verzichtet wird, auch in einer Vater-Tochter-Beziehung dieselbe Wirkung hat. Einmal kam eine Studentin zu mir, die eine problematische Beziehung zu ihrem Vater hatte. Finanziell war er sehr großzügig, aber sie brauchte seine Liebe und Zärtlichkeit viel mehr als sein Geld. Ich versuchte ihrem Vater klarzumachen, was ich über Frauen gelernt hatte.

„Trösten Sie sie", schlug ich ihm vor. „Seien Sie zärtlich und rücksichtsvoll. Halten Sie ihr keine Vorträge." Doch er konnte das nicht verstehen, obwohl er ein sehr begabter und intelligenter Rechtsanwalt ist, der in seinem Beruf großen Erfolg hat. (Mir ist schon bei vielen Juristen aufgefallen, daß es ihnen schwerfällt, liebevoll und zärtlich zu sein, ohne Vorträge zu halten. Ihnen ist eingeimpft worden, daß alles logisch erklärt werden muß.)

„Ich habe letzte Woche versucht, mir das Leben zu nehmen", sagte mir diese junge Frau. „Ich kann dem emotionalen Druck in der Beziehung zu meinem Vater einfach nicht standhalten."

„Es gibt verschiedene Möglichkeiten, was Sie tun können", sagte ich.

„Welche denn?"

„Wenn Sie Ihrem Vater entgegenkommen könnten, würde Ihr Leben wieder heil werden."

„Das kann ich nicht", sagte sie matt.

„Gut, dann können Sie Ihren Vater anrufen und sagen: 'Vater, ich liebe dich. Ich wünschte, ich könnte mehr Zeit mit dir verbringen. Aber ich fühle mich im Augenblick nicht fähig, dir gegenüberzutreten. Ich kann es nicht ertragen, wie du mich behandelst – deine Vorträge, deine Insensibilität und deine Härte. So sehr ich mir wünsche, ich könnte es, so sehr ich mir wünsche, ich wäre stärker, ich kann damit einfach nicht fertig werden.'"

Dieses Mädchen hat ihre ganz persönlichen Bedürfnisse und Eigenschaften. Niemand kann ihr sagen, sie müsse stärker sein.

Sie ist so, wie sie ist. Ihr zu sagen, sie solle so sein, wie sie nicht sein kann, hätte genauso viel Sinn, wie zur Sonne zu sagen, sie solle morgens nicht aufgehen!

Zum Glück wurde ihr Vater dazu motiviert, sich zu ändern, weil er dachte: „Ich muß wirklich gefühllos sein. Meine eigene Tochter kann meine Gegenwart nicht ertragen. Sie kann nicht einmal ein Telefongespräch mit mir ertragen."

Viele Männer verstehen nicht, daß zärtliche Liebe manchmal das einzige ist, was eine Frau braucht – eine tröstende Umarmung, eine liebevolle Bemerkung wie: "Ich verstehe dich. Das tut dir weh, nicht wahr? Du fühlst dich sicher unter Druck gesetzt."

Trösten Sie sie, statt sie zu belehren

Sie sollten es sich zum Ziel setzen, ein zärtlicher, liebevoller und rücksichtsvoller Ehemann zu werden, der keine Vorträge hält. In Streßsituationen wird durch Vorträge der Streß nur noch erhöht. Für mich war das ganz etwas Neues, denn ich hatte nicht das Glück, einen Vater zu haben, der mit seiner Frau zartfühlend umgehen konnte. Bis vor ein paar Jahren wußte ich nicht, daß meine Frau Zärtlichkeit brauchte. Niemand hatte mir je gesagt, daß eine Frau das braucht, und selbst wenn es der Fall gewesen wäre, hätte ich es wahrscheinlich nicht begriffen. (Obwohl ich es eigentlich hätte verstehen müssen, denn wenn ich niedergeschlagen bin, möchte ich auch rücksichtsvoll behandelt und getröstet werden.)

Nie werde ich vergessen, wie eine Frau zu mir sagte: „Wenn mein Mann mich doch einfach in seine Arme nehmen würde, ohne mir Vorträge zu halten, wenn ich traurig bin!" Doch die Vorträge blieben nie aus. Er sagte ihr, sie würde sich besser fühlen, wenn sie eine Tablette nähme…, wenn sie sich selbst nicht zuviel zumuten würde…, wenn sie die Kinder strenger erziehen würde…

„Haben Sie ihm schon einmal gesagt, was Sie brauchen?" fragte ich sie.

„Sie scherzen wohl? Das wäre mir peinlich", lachte sie. „Das meinen Sie doch sicher nicht ernst?"

„Doch. Er weiß wahrscheinlich gar nicht, was er tun soll. Er weiß nicht, daß Sie in die Arme genommen und nicht belehrt werden möchten. Warum sagen Sie es ihm nicht einfach einmal in einem ruhigen Gespräch?"

„Irgendwie haben Sie recht. Oft, wenn ich deprimiert und durcheinander bin und weine, fragt er: 'Was soll ich denn tun?' Dann rege ich mich nur auf und sage: 'Wenn ich dir erst sagen muß, was du tun sollst, ist es sowieso sinnlos!'"

Ich rate Ihnen wirklich dazu, Ihre Frau zu fragen, was sie braucht.

Sie können sich das schließlich nicht aus den Fingern saugen. Wir können einfach nicht wissen, was im Inneren eines anderen Menschen vorgeht. Ein Mann muß von seiner Frau erfahren, welches ihre Bedürfnisse sind, und dann muß er die Fähigkeit, diese zu erfüllen, üben, üben, nochmals üben.

Als ich zum ersten Mal Ski fahren wollte, fuhr ich mit dem Lift auf einen kleinen Berg. Von oben sah der Berg aber auf einmal gar nicht mehr so klein aus.

Ich dachte: „Auf gar keinen Fall kann ich da hinunter fahren." Also setzte ich mich auf die Skier und rutschte den ganzen Weg hinunter.

Auch wenn Sie sich am Anfang auf dem hier beschriebenen Weg nur rutschend fortbewegen können, sollten Sie daran denken, daß Ihre Schritte mit der Zeit immer sicherer werden. Dieses Buch ist gewiß keine erschöpfende Abhandlung über das Thema Ehe, aber es ist ein Anfang. Glauben Sie mir, wenn Sie das hier Beschriebene in die Praxis umsetzen, können Sie und Ihre Frau eine liebevollere Beziehung bekommen.

Als ich gerade die Kunst erlernte, meine Frau richtig zu trösten, machten wir eine Erfahrung, in der ich meine gesamte Selbstbeherrschung aufbieten mußte. Doch diese Erfahrung hat mich gestärkt, und meine neu erworbene Stärke hat mich ermutigt. Versetzen Sie sich einmal in meine Lage. Wie hätten Sie reagiert?

Ich hatte ein ziemlich schäbiges Boot für 700 DM gekauft, weil wir als Familie mehr gemeinsam unternehmen wollten. Noch am gleichen Abend wollte ich mit meinem Sohn eine Probefahrt auf dem See, der nur fünf Minuten von unserem Haus entfernt liegt, unternehmen, um festzustellen, wie es funktionierte. Wegen meiner Unerfahrenheit im Umgang mit Booten wurde das Boot vom Wind ans Ufer zurückgetrieben, als ich es kaum ins Wasser gesetzt hatte. Da ich mich bemühte, es wieder abzustoßen, wurde ich ganz naß und war ziemlich frustriert. Nach nervenaufreibenden zehn Minuten, in denen ich versuchte, das widerspenstige Ding in Gang zu setzen, lief das Boot nicht schneller als 15 Stundenkilometer. Irgend etwas stimmte offensichtlich nicht. Ich war schon ein ganzes Stück vom Ufer entfernt, als mir der Gedanke kam, daß es wohl besser sei, umzukehren, falls der Motor ganz ausfallen sollte.

Dann rief Greg plötzlich: „Vater, das Boot sinkt!" Ich drehte mich um und sah, daß das Wasser schon einige Zentimeter hoch im Boot stand. Der vorige Besitzer hatte vergessen, mir zu sagen, daß er den Verschlußstopfen entfernt hatte, als es das letzte Mal geregnet hatte. Doch mit dem Boot voller Wasser konnte ich die Öffnung für den Pfropfen nicht finden. Zum Glück sank das Boot nicht ein. Als ich es schließlich wieder auf den Anhänger packte, war ich fest entschlossen, es am nächsten Morgen zurückzubringen. Es war mir schon etwas peinlich, daß das schäbige Ding vor meinem Haus abgestellt war.

Ein Bootshändler sagte mir, es würde 150 Dollar kosten, den Motor zu reparieren. Daraufhin brachte ich das Boot dem Vorbesitzer zurück, der mir versprochen hatte, er würde mir mein Geld wiedergeben, falls ich mit dem Boot nicht zufrieden sein sollte.

Als ich an jenem Morgen aus dem Haus ging, hatte ich versprochen, um 11 Uhr zurück zu sein, damit Norma einkaufen gehen könnte. Doch es dauerte länger als geplant, bis ich mein Geld wieder hatte, und so kam ich mit eineinhalb Stunden Verspätung nach Hause. Unterdessen hatte Norma beschlossen, mit dem Campingbus zum Lebensmittelgeschäft zu fahren. Als sie versuchte, ihn in der Einfahrt zu wenden, geriet sie versehentlich zu nah ans Haus und riß ein Stück vom Dach herunter. Durch das heruntergefallene Teil wurde der Campingbus vorne eingebeult.

Als ich um 12.30 Uhr in die Einfahrt fuhr, sah ich ein Stück des Daches auf dem Boden liegen, neben dem verbeulten Campingbus. Ich lachte laut auf, mehr aus Verzweiflung als aus Sinn für Humor.

Am liebsten hätte ich zu meiner Frau gesagt: „Oh, nein, es wird ja ein Vermögen kosten, das zu reparieren. Wo hast du denn deinen Führerschein her – in der Lotterie gewonnen?" Ich hätte ihr am liebsten gehörig die Meinung gesagt und sie dann für eine Weile ignoriert. Diesmal erinnerte ich mich daran, wie ich mich verhalten sollte. Ich sagte mir: „Sei still und nimm sie in die Arme. Halte sie einfach im Arm und sag erst mal gar nichts!" Doch der natürliche Mensch in mir sagte: „Halte ihr einen Vortrag. Laß deiner Wut freien Lauf. Reagiere dich ab!"

Aber schließlich siegte mein Verstand über mein Gefühl. Ich nahm sie in die Arme und sagte sanft: „Du mußt dich schrecklich fühlen, nicht wahr?", obwohl ich innerlich noch kochte. Wir gingen zusammen ins Haus, setzten uns auf die Couch, und ich ließ sie über ihre Gefühle sprechen.

Ich hielt sie im Arm, und nach einigen Minuten fühlte ich mich besser, weil ich ein wachsendes Gefühl der Zärtlichkeit in mir aufsteigen spürte. Bald hatte ich mich beruhigt, und sie war getröstet. Nach ein paar Minuten kam ein Freund vorbei, der Zimmermann ist, und innerhalb von zwei Stunden hatten wir das Dach geflickt und gestrichen.

Es gab mir ein gutes Gefühl, einmal nicht wütend geworden zu sein. Ich hatte meine Frau nicht verletzt, meine Kinder nicht angebrüllt und unsere gute Beziehung nicht beeinträchtigt. Ich hätte ja auch wieder auf meine alte Entschuldigung zurückgreifen können: „Ich kann meine Wut einfach nicht beherrschen." Doch statt dessen hatte ich diesmal einen ermutigenden Sieg errungen.

Meine neuerworbene Sensiblität hatte einige Proben zu bestehen. Einmal hätte ich beinahe bei einem Angelausflug alles vermasselt. Normalerweise vergesse ich meine Familie und alles um mich herum, wenn ich in der Nähe eines Flußes bin und ganz in der heiteren Welt des Angelns „untertauche" – der Geruch, der in der Luft liegt, die Spannung, wenn ein Fisch anbeißt, das Plätschern des Wassers... Aber zurück zum Thema.

Als wir unseren Campingbus an einem herrlichen Fluß parkten, schlug mir das Herz höher. Ich konnte es kaum erwarten, die Angel auszuwerfen. Zuerst half ich den Kindern beim Abspulen ihrer Angeln und sagte zu ihnen: „Wenn die Schnur sich verheddert, müßt ihr allein damit fertig werden." (Es war für mich immer frustrierend, wenn ich selber angeln wollte, und sie dann dauernd riefen: „Vati, komm doch mal und hilf mir!" Ich wollte mich ungestört meinem Hobby widmen können.)

Ich fand einen idealen Angelplatz – eine tiefe Stelle mit geringer Strömung vor einem größeren Felsbrocken. Ich warf den Köder aus und ließ ihn ins Wasser sinken. Er wirbelte herum – und ich hatte die erste Forelle am Haken. Ich war ganz ins Angeln vertieft, als Greg angelaufen kam. Ich dachte schon, er würde in den Fluß springen und mir alle Fische verscheuchen. Durch diese Störung war ich schon aufgebracht und gereizt, als er sagte: „Karin hat sich das Bein gebrochen!"

Karin hat sich das Bein gebrochen? Ausgerechnet jetzt! Wie konnte sie mir das nur antun? Es fiel mir schwer, jetzt wegzugehen, aber ich übergab Greg die Angel und sagte: „Sei vorsichtig. Sieh zu, daß die Schnur sich nicht verheddert. Halt sie ganz ruhig im Wasser." Ich lief zu Karin hin, wobei ich den Angelplatz umging. Schließlich wollte ich ja die Fische nicht erschrecken.

Flußabwärts rief Karin: „Vati, ich glaube, ich habe mir das Bein gebrochen."

Als ich mir ihr Bein ansah, erkannte ich, daß es nur eine Quetschung war.

„Faß es nicht an", sagte ich. „Es ist nicht gebrochen, nur gequetscht. Halte das Bein für ein paar Minuten hier ins kalte Wasser."

Es ist mir wirklich peinlich, den Rest der Geschichte zu erzählen, aber vielleicht können Sie aus meiner Insensibilität etwas lernen. Ich rannte zu meinem Angelplatz zurück und fing noch ein paar Forellen, ehe ich wieder zu Karin ging, die weinend rief: „Vati, das Wasser ist so kalt!"

Ich stellte sie ziemlich unsanft auf die Beine, aber sie konnte nicht laufen. Als ich versuchte, sie am Ufer hochzuziehen, und es nicht schaffte, fing sie wieder an zu weinen und sagte: „Du bist so grob mit mir. Kannst du nicht *sanft* mit mir umgehen?" Bei diesem Wort klickte es plötzlich bei mir. Es erinnerte mich daran, wie oft meine Frau und andere Frauen mir gesagt hatten: „Wir brauchen Sanftheit und Zärtlichkeit, keine Grobheit und keine Vorträge." Und ich konnte nicht einmal mit meiner elfjährigen Tochter sanft umgehen! Ich hatte Karin sogar schon Vorwürfe gemacht, weil ich die ganze Sache als Störung meines Tagesablaufes empfand. „Warum hast du nicht aufgepaßt?" hatte ich sie gefragt.

Wer war denn eigentlich wichtiger? Die Forellen oder meine kostbare Tochter? Es fiel mir schwer, den Dingen ins Gesicht zu sehen, aber mir waren die Forellen wichtiger gewesen. Durch meine eigenen Wünsche und meine Angelleidenschaft hatte ich meine einzige Tochter in Gefahr gebracht. Ich hätte es besser wissen sollen!

Als ich zur Besinnung kam, senkte ich den Kopf und sagte: „Karin, es war falsch von mir, daß ich so grob zu dir war. Es tut mir wirklich leid. Vergibst du mir?"

„Ja, ich vergebe dir, Vati."

„Karin, du bist mir viel wichtiger als alle Fische, und ich möchte, daß du das weißt. Ich war heute so mit dem Angeln beschäftigt, daß ich dir weh getan habe, nicht wahr?"

Wir hielten uns eine Weile umarmt, und dann sah sie mir in die Augen und fragte sanft: „Hast du heute ein Deo benutzt?"

Helfen Sie Ihrer Frau, ihre Depressionen zu überwinden

Alle Menschen erleben täglich Streß. Manche Tage sind schlimmer als andere – wie z.B. der Tag, an dem ich Pussi überfuhr. Psychologen sagen, daß Streßerlebnisse unser Denken, unser Fühlen und unseren Körper beeinflussen. Das Maß an Streß, das wir in jedem dieser Bereiche erleben, kann den Unterschied zwischen Glück und Depressionen ausmachen. Positive Beeinflussung in *einem* Bereich hat erwiesenermaßen günstige Auswirkungen auf alle anderen Bereiche. Wenn ein Mann z.B. sanft mit seiner Frau umgeht, hat das einen günstigen Einfluß auf ihre Gefühle, was sich wiederum auf die anderen Ebenen ihres Lebens positiv auswirkt.

Nach Meinung des Psychologen Dr. Jerry Day kann man feststellen, daß eine Frau deprimiert ist, wenn mindestens vier der folgenden Symptome vorhanden sind. Als Ehemann müssen Sie diese Anzeichen erkennen, damit Sie Ihre Frau besser trösten können.

Allgemeine Anzeichen für Depression

1. Traurigkeit
2. Hoffnungslosigkeit
3. Verlust des Humors
4. Schlafstörungen
5. Erwachen am frühen Morgen
6. Schlaflosigkeit
7. Das Wohlbefinden nimmt im Laufe des Tages langsam zu.
8. Verlust des sexuellen Verlangens
9. Appetit- und Gewichtsverlust
10. Unbestimmte körperliche Beschwerden
11. Empfinden eines persönlichen Verlusts (Tod eines nahen Verwandten, Verlust des Arbeitsplatzes, etc.)
12. Schlechtes Konzentrationsvermögen und Gedächtnis
13. Tiefes Seufzen oder Stöhnen

Wenn Sie diese Anzeichen bei Ihrer Frau entdecken, sollten Sie sie zuerst mit den Worten trösten, wie: „Ich verstehe genau, wie du dich fühlst…" Benutzen Sie dann die folgenden Informationen als Anhaltspunkte, wie Sie ihr aus der Depression *heraushelfen* können.

1. Wenn Sie bei Ihrer Frau mindestens vier der oben genannten Symptome erkennen, sollten Sie sie zu einer gründlichen ärztlichen Untersuchung bewegen. Hormon- oder Vitaminmangel oder eine körperliche Krankheit könnten die Ursache für die Symptome sein.

2. Vermeiden Sie Belehrungen. Wenn Sie argumentieren, geben Sie ihr das Gefühl, unverstanden zu sein. Aber durch eine Karte oder Blumen können Sie ihre Stimmung heben. Helfen Sie Ihren Kindern dabei, etwas Besonderes für sie zu tun. Zum Beispiel können Sie eine kleine Rolle Papier kaufen und diese dann mit ausgeschnittenen Bildern bekleben, auf denen die Dinge dargestellt sind, die Sie an ihr schätzen. Schreiben Sie mit Farbstiften liebevolle Worte auf dieses Poster, binden Sie es mit einer hübschen Schleife zusammen und überreichen Sie es ihr als Familie. Diese aufmerksame Geste wird ihre Gefühle positiv beeinflussen und ihr aus ihrer Dunkelheit heraushelfen.

3. Hören Sie mit dem „inneren Ohr" auf das, was Ihre Frau sagt. Mit anderen Worten, hören Sie genau hin und entdecken Sie, was sie über ihre Gefühle mitteilt. Was will sie sagen? Können Sie verstehen, welche Bedeutung sich hinter ihren Worten verbirgt? Sagen Sie ihr sinngemäß in etwa: „Ich weiß nicht, warum du diese schlimme Erfahrung hattest, aber ich verstehe, daß es dich tief getroffen hat." Wenn Sie so etwas sagen, geben Sie ihr durch Ihr Verständnis Zeit, um wieder neue körperliche Kraft zu gewinnen.

4. Helfen Sie ihr, sich wieder besser zu fühlen, indem Sie ihre Symptome „abblocken". Dr. Day erklärte mir dieses Prinzip folgendermaßen: Wenn Schauspieler auf der Bühne stehen, müssen sie alles verstärkt und übertrieben darstellen, um dem Publikum einen bestimmten Gedanken zu vermitteln. Obwohl sie selbst ihr Verhalten als übertrieben empfinden, nimmt das Publikum es als normal hin. Wie Dr. Day meint, müssen Sie das Problem Ihrer Frau übertreiben, damit sie wirklich glaubt, daß Sie verstehen, wie schlecht sie sich fühlt. Sie wird Ihre Äußerungen als völlig normal auffassen, obwohl Sie vielleicht meinen, Sie hätten zu dick aufgetragen.

Schlagen Sie ihr z.B. eine anstrengende Tätigkeit vor. Das kann etwas körperlich Anstrengendes sein, wie Jogging, oder irgend etwas anderes, das eine große geistige Anstrengung erfordert. Sagen Sie ihr: „Vielleicht solltest du dich ernsthaft mit etwas beschäftigen, damit du darüber hinwegkommst." Das bringt oft einen deprimierten Menschen mit einem Schlag in die Wirklichkeit zurück. Er denkt dann schließlich: „Eigentlich ist ja alles gar nicht so schlimm."

Wenn ihm die Situation jedoch hoffnungslos erscheint, möchte ein deprimierter Mensch am liebsten den ganzen Tag nur im Bett bleiben. Es gibt nichts Schlimmeres als das. Helfen Sie Ihrer Frau, sich aufzuraffen und auszugehen, selbst wenn Sie mit ihr einkaufen gehen müssen. Meine Frau würde sich an manchen Tagen am liebsten unter der Bettdecke verkriechen, wenn sie deprimiert ist, obwohl sie weiß, daß es ihr besser gehen wird, wenn sie sich einen Ruck gibt und zur Gymnastik geht oder sich sonst intensiv mit etwas beschäftigt.

5. Eine andere hilfreiche Therapie bei Depressionen ist, die eigenen Gedanken niederzuschreiben. Das Festhalten unserer Gedanken, wenn wir deprimiert sind, bewirkt eine gewisse „Seelenreinigung", wie Dr. Day sagt. Schenken Sie Ihrer Frau ein Notizbuch und ermutigen Sie sie dazu, aufzuschreiben, wodurch sie von Ihnen oder anderen Menschen verletzt wurde.

Noch besser wäre es, wenn Sie sie dazu ermutigen können, aufzuschreiben, welche positiven Auswirkungen die deprimierenden Ereignisse auf ihr Leben haben könnten. Zuerst wird sie das vielleicht ablehnen und sagen, sie könne überhaupt nichts Positives erkennen. Möglicherweise müssen Sie ihr erst einmal eine positive Folge aufzeigen, ehe sie selbst weitermachen kann. Je mehr Positives sie entdeckt, desto besser wird es ihr gehen. Die meisten Frauen, die diese Überlegung anstellen, sagen mir am Ende: „Es ist wirklich alles gar nicht so schlimm."

Selbst wenn Ihre Frau sich nicht die Zeit nehmen kann, ihre Gefühle niederzuschreiben, können Sie ihr helfen, nicht in ein negatives Denken zu verfallen. Bringen Sie sie behutsam weg von den beiden Worten „Wenn nur". Ein Psychiater sagte einmal, durch diese beiden Worte seien mehr Menschen in ihren Depressionen steckengeblieben als durch alle anderen Worte. „Wenn ich nur nicht..., wenn ich nur könnte..., wenn er nur..." Diese beiden Worte können einen Menschen seelisch, geistig und körperlich zerbrechen.

6. Bewegen Sie Ihre Frau dazu, ihre Muskeln zu entspannen, wenn sie sich in Streßsituationen befindet. Ich kann persönlich bestätigen, daß diese 10minutige Entspannungsübung mir manchmal schon das Gefühl gegeben hat, als hätte ich gerade vier Stunden fest geschlafen. Man erhält dadurch neue Kraft und Kreativität.

Lassen Sie den natürlichen Entspannungsmechanismus des Körpers wirken: entspannen Sie sich im Sitzen oder Liegen, atmen Sie mehrmals tief ein, spannen Sie jeden Muskel Ihres Körpers solange an, wie Sie den Atem anhalten können und atmen Sie dann aus. Stellen Sie sich vor, wie Ihre Muskeln sich entspannen, und bewegen Sie für den Rest der zehn Minuten keinen einzigen Muskel.

7. Spornen Sie Ihre Frau dazu an, daß sie sich fest vornimmt, regelmäßig Sport zu treiben. Norma geht in eine Gymnastikgruppe, um einen Platz zu haben, wo sie sich sportlich betätigen kann, wenn sie deprimiert ist. Körperliche Bewegung hat auch einen positiven Einfluß auf das Denken und Fühlen. Diejenigen, die mit deprimierten Menschen arbeiten, sagen, dies sei einer der wichtigsten Bereiche der Therapie.

Welchen Trost braucht Ihre Frau?

Warum bitten Sie sie nicht, Ihnen zu erklären, wie und wann sie getröstet werden möchte? Bitten Sie sie auch darum, Geduld mit Ihnen zu haben, bis Sie die Kunst, sie liebevoll zu trösten, völlig beherrschen.

Zum Nachdenken

1. Ist es selbstverständlich, den anderen zu trösten und rücksichtsvoll mit ihm umzugehen, wenn er angespannt ist oder sich in einer Krise befindet? Kol. 3,8-14; 4,6.

2. Wissen Sie, was Ihre Frau in Krisenzeiten braucht? 1. Petr. 3,7. Schreiben Sie sich auf, was sie auf diese Frage antwortet.

5
Auch aus dem finstersten Tal in der Ehe gibt es einen Ausweg

„Es ist unmöglich, daß nicht Ärgernisse kommen; weh aber dem, durch welchen sie kommen!"
Luk. 17,1

Es war 4 Uhr nachmittags am Valentinstag, als ich mich an mein Baskettballspiel erinnerte. Ich griff nach dem Telefonhörer, um Norma anzurufen, mit der ich noch kein Jahr verheiratet war.

„Liebling, ich habe ganz vergessen, dir zu sagen, daß ich heute abend ein Baskettballspiel habe. Wir sollen um 7 Uhr dort sein. Ich hole dich dann um halb sieben ab."

„Bedrückendes Schweigen am anderen Ende der Leitung – schließlich sagte sie: „Aber heute ist doch Valentinstag."

„Ja, ich weiß. Aber ich muß heute Abend unbedingt dabei sein, ich habe es der Mannschaft versprochen. Ich will sie nicht im Stich lassen."

„Aber ich habe ein besonderes Abendessen vorbereitet, mit Kerzen und..."

„Können wir das nicht auf morgen verschieben?" Sie gab keine Antwort, so redete ich weiter. „Liebling, du weißt doch, wie wichtig es für eine Frau ist, sich ihrem Mann unterzuordnen. (Ich hatte keine Ahnung, daß ein Mann kaum etwas Schlimmeres tun kann, als von seiner Frau Unterordnung zu verlangen.) Ich muß heute abend unbedingt dort sein, und wenn wir in unserer Ehe von Anfang an gute Gewohnheiten praktizieren wollen, müssen wir jetzt damit anfangen. Wenn ich das Oberhaupt der Familie sein soll, muß ich die Entscheidungen treffen."

„Eisig" ist genau das richtige Wort für den Empfang, den sie mir bereitete, als ich sie abholte. Es war offensichtlich, daß ich sie tief gekränkt hatte. Aber ich dachte, einmal müsse sie ja schließlich lernen, sich unterzuordnen, und deshalb könnten wir ebenso gut gleich damit anfangen.

Je weiter der Abend fortschritt, desto starrer wurde ihr Gesichtsausdruck. Als wir nach dem Spiel nach Hause kamen, bemerkte ich, daß der Tisch besonders festlich gedeckt war – Kerzen, unser bestes Geschirr, hübsche Servietten. Am nächsten Tag sprach sie immer noch nicht mit mir. Ich eilte in ein Blumengeschäft und kaufte jede Menge Blumen, die ich dann im ganzen Haus verteilte. Das brachte das Eis ein wenig zum Schmelzen. Dann schenkte ich ihr noch eine Karte, auf der vorne eine Hand abgebildet war und die man so drehen konnte, daß der Daumen entweder nach oben oder nach unten zeigte. „Wie herum?", fragte ich sie. Sie drehte die Karte so, daß der Daumen nach oben zeigte. Nie sprach ich mit ihr darüber, ob ich richtig oder falsch gehandelt hatte, ich sagte nur, ich bedauere den gestrigen Abend. Das war die erste unbereinigte Kränkung zwischen uns, der noch viele weitere folgen sollten.

Hätte mir nicht ein Jahr später jemand das Geheimnis erklärt, wie man eine enge und dauerhafte Beziehung aufbauen kann, hätten vielleicht auch wir, wie Millionen anderer Menschen pro Jahr, die Scheidung eingereicht.

Machen Sie jeden Tag reinen Tisch – lassen Sie keine Kränkung unbereinigt stehen.

Oft fragen mich Ehepaare: „Was haben wir falsch gemacht?", „Warum haben wir keine zärtlichen Gefühle mehr füreinander?", „Woran liegt es, daß wir uns so oft streiten?", „Warum vermeiden wir jede Berührung?"

Die Ursache für all diese Dinge ist nicht in erster Linie in der Gegensätzlichkeit der Charaktere, sexuellen Problemen, finanziellen Belastungen oder anderen äußerlichen Schwierigkeiten zu suchen. Sie sind vielmehr die direkte Folge einer Ansammlung von unbereinigten Kränkungen. Wenn Mann und Frau verstehen, wie die Harmonie erhalten werden kann, indem jede verletzende Kränkung sofort bereinigt wird, können sie diese allgemeinen Probleme überwinden und sogar aus dem finstersten Tal – der Scheidung – herausfinden.

Wie ist es überhaupt so weit gekommen?

Wenn ein Mann rücksichtslos mit seiner Frau umgeht, verletzt er sie damit meistens mehr als ihm bewußt ist. Sie fängt an, sich von ihm abzuwenden, und wenn er weiterhin ihre Gefühle verletzt, wird sie sich geistig, seelisch und körperlich von ihm zurückziehen. Mit anderen Worten, sie wird jeglichen Kontakt mit ihm vermeiden wollen. Haben Sie noch nie bemerkt, wie Ihre Frau sich Ihnen gegenüber verschließt, wenn Sie sie gekränkt haben? Sie vermeidet nicht nur jedes Gespräch, sondern auch jede Berührung. Eine Frau wird einfach nicht mehr auf ihren Mann eingehen, wenn er ständig ihre Gefühle verletzt, ohne wieder reinen Tisch zu machen.

Manche Leute rechtfertigen ihre Reaktionen, indem sie sagen: „Aber er/sie hat meine Gefühle verletzt." Nach Meinung des Psychologen Dr. Henry Brandt gibt es so etwas wie verletzte Gefühle nicht. Er sagt: „Man sollte verletzte Gefühle beim richtigen Namen nennen – Groll." Es mag nicht richtig sein, daß Ihre Frau mit Groll reagiert, doch darum geht es hier nicht. Wir sollten es uns zum Ziel setzen, unser Verhalten so zu verändern, daß für unsere Frau gar kein Grund entsteht, uns zu grollen.

Um zu verstehen, warum Ihre Frau sich automatisch zurückzieht, wenn Sie sie verletzen, stellen Sie sich einmal vor, Sie seien der stolze Besitzer eines neuen Autos. Wenn Sie den tollen Wagen zum ersten Mal in Ihre Einfahrt lenken, scheint alles in Ihnen zu sagen: „Ich liebe ihn." Sie lieben den Geruch, das Äußere. Weil Sie das Auto lieben, polieren Sie es auf Hochglanz und verwenden viel Zeit und Sorgfalt auf seine Pflege. Wenn der Motor anfängt zu klopfen, das Öl ausläuft, der glänzende Lack einige Schrammen aufweist, oder die Scheibenwischer mitten in einem Platzregen ausfallen, ärgern Sie sich über die „Niete", die Sie da erworben haben. Bald fallen Ihnen Hunderte von Gründen ein, um es wieder loszuwerden. Solange es Sie zufriedenstellt, mögen Sie es. Aber sobald es anfängt, auseinanderzufallen, wünschen Sie sich, Sie hätten es nie gekauft, und bald wollen Sie es nicht mehr in Ihrer Nähe haben.

Das Gleiche kann mit einer Arbeitsstelle geschehen. Haben Sie schon einmal gekündigt, weil Ihr Chef oder die Arbeitsbedingungen Ihnen mißfallen haben? Ich erinnere mich, wie sehr ich eine Arbeit mochte, bis eines Tages mein Chef mich tief verletzte. Von diesem Augenblick an konnte ich nur noch daran denken, wie viele Gründe dafür sprachen, diese Stelle zu verlassen. Obwohl ich wußte, was sich in meinem Inneren abspielte, schien ich unfähig zu sein, meine Gefühle unter Kontrolle zu halten. Sie hatten sich geändert, und ich mochte die Arbeit nicht mehr so gern wie früher. Schließlich wollte ich gar nicht mehr hingehen oder überhaupt noch etwas damit zu tun haben.

Wir neigen dazu, einem allgemeinen Verhaltensmuster zu folgen, wenn wir gekränkt werden. Auf der geistigen Ebene sind wir dann empfänglich für die Fehler der Menschen, die uns gekränkt haben. Auf der emotionalen Ebene fühlen wir uns ihnen entfremdet, körperlich vermeiden wir sie. Und auf der geistlichen Ebene schließen wir sie aus.

Diesen Prozeß habe ich bei meiner Frau oft beobachten können. Als ich an jenem Valentinstag Basketball spielte, anstatt zu ihrem romantischen Diner bei Kerzenschein nach Hause zu kommen, war sie so verärgert, daß sie nicht mehr mit mir sprechen wollte. Sie wollte mich weder berühren noch meine Berührung dulden. Haben Sie jemals den Arm um Ihre Frau gelegt, nachdem Sie sie provoziert hatten, und gespürt, wie sie sich sträubte? Vielleicht haben Sie sie deswegen kritisiert?

Sie müssen jedoch zugeben können, daß Sie für ihr kühles Verhalten verantwortlich sind, und sagen: „Ich verstehe, wie du dich fühlst, und ich mache dir keinen Vorwurf, daß du mich im Augenblick nicht in deiner Nähe haben willst." Wenn Ihre Frau vor Ihrer Berührung zurückweicht, wenn sie nicht mehr die gleichen romantischen Gefühle für Sie hat wie früher, oder wenn sie nach Gelegenheiten sucht, um auch nur für kurze Zeit von Ihnen wegzukommen, dann können Sie sicher sein, daß Sie sie verletzt und wahrscheinlich gedemütigt haben.

Als wir eines Abends auf dem Weg zu einer Party waren, geschah etwas, was ich gar nicht komisch fand. Norma sagte im Scherz, sie wolle meinem Chef einen Streich spielen, einen Streich, der mich in große Verlegenheit gebracht hätte. Mir war unbegreiflich, wie sie überhaupt auf so eine Idee kommen konnte, und ich sagte: „Norma, das kannst du nicht machen. Ich gehe nicht hin, wenn du das wirklich vorhast."

Ich hielt den Wagen an und schrie grob und ungeduldig: „Es wäre mir zu peinlich!" Sie foppte mich noch weiter und gab dann schließlich zu, daß sie nur Spaß gemacht hatte. Aber meine anhaltende Grobheit war zu viel für sie (Spr. 15,4). Weil ich so ausfallend wurde, fing sie an zu weinen. Ich erkannte, daß ich etwas falsch gemacht hatte, und versuchte, alles wieder einzurenken. Je mehr ich redete, desto schlimmer wurde es. Als wir dann auf der Party waren, wandte sie jedesmal den Blick ab, wenn ich sie ansah. Sie dachte über all die Gründe nach, warum ihr Mann nicht mehr so ein „feiner Kerl" war. Ich brauchte Tage, um die Angelegenheit wieder ins Lot zu bringen.

Auf welche Weise kann ein Mann die Sache wieder in Ordnung bringen, wenn er seine Frau gekränkt hat? Wie kann er die Harmonie erhalten?

Harmonie ist dann vorhanden, wenn zwischen Ihnen und Ihrer Frau keinerlei unbereinigte Kränkungen stehen. Wenn wirklich Harmonie und Einheit zwischen Ihnen besteht, werden Sie beide mehr Zeit verbringen wollen, um in Ruhe zu reden. Ihre Frau wird ausgeglichener sein. Sie wird sich emotional und körperlich zu Ihnen hingezogen fühlen. Aber wenn Sie sie verletzt haben, wird sie sich Ihnen wahrscheinlich widersetzen und mit Ihnen streiten.

Oft wird den Frauen vorgeworfen, sie seien streitsüchtig und eigensinnig, während ihr Verhalten in Wirklichkeit nur die Reaktion auf die Rücksichtslosigkeit ihres Mannes ist, mit der er sie verletzt hat. Manchmal werden sie beschuldigt, sie würden die Ehe ruinieren, weil sie keine liebevollen oder zärtlichen Gefühle für ihren Mann mehr hätten. Den Männern ist natürlich selten bewußt, daß ihr rücksichtsloses Verhalten die Liebe vertrieben hat.

Viele Männer haben ihre Frau schon als frigide bezeichnet, weil sie kein Verlangen nach Berührung oder sexuellen Kontakten hat. Aber viele Frauen sagen, daß sie sich wie Prostituierte fühlen, wenn sie sexuelle Beziehungen zu ihrem Mann haben und zuvor schlecht behandelt worden sind. Sex ist nicht nur eine körperliche Angelegenheit – der ganze Mensch ist daran beteiligt. Ehe eine Frau völlige Freiheit in der sexuellen Liebe haben kann, muß sie die Gewißheit haben, daß ihr Mann sie als Mensch achtet, und es muß Harmonie zwischen beiden bestehen. Sie muß zuerst zärtliche Liebe empfinden, ehe sie die körperliche Vereinigung in der Ehe von ganzem Herzen bejahen kann. Wenn zwischen Mann und Frau keine Harmonie besteht, wird es mit größter Wahrscheinlichkeit auch sexuelle Probleme geben.

Haben Sie schon einmal vergeblich versucht, Ihre Frau geistig, emotional und körperlich zu erreichen, nachdem Sie sie gekränkt haben?

Udo bemühte sich, Hanna, die von ihm getrennt lebte, zurückzugewinnen. Immer wieder sagte er zu ihr: „Ich vermisse dich so. Ich möchte in deiner Nähe sein. Ich liebe dich." Aber emotional fand er keinen Zugang zu ihr. „Siehst du nicht, wie du unsere Tochter verletzt?" sagte er. „Siehst du nicht, in was für einen Ruf wir kommen, wenn wir getrennt leben?" Er versuchte, an ihren Verstand zu appellieren, aber sie hörte nicht zu. Er war schon zu weit gegangen – er hatte sie zu oft und zu tief verletzt – und deshalb hatte sie ihn vollkommen aus ihrem Leben ausgeschlossen.

Ich fragte ihn: „Sind Sie bereit, Hanna vorläufig nicht zu berühren, sie nicht zu fragen, ob sie je wieder etwas für Sie empfinden wird, und nicht zu versuchen, sie durch verstandesmäßige Argumente zu erreichen? Wollen Sie sich darauf konzentrieren, vergangene Kränkungen zu bereinigen?"

„Wenn Sie meinen Rat annehmen und die Harmonie zwischen Ihnen und Hanna wiederherstellen, wird sie sich geistig wieder für Sie öffnen. Sie wird wieder romantische Gefühle für Sie entwickeln, und schließlich wird sie wieder in Ihrer Nähe sein wollen."

„Das ist eine Lebenswahrheit", erklärte ich Udo. „Wenn eine Frau sich in einen anderen Mann verliebt hat oder *sehr schlecht* behandelt wurde, dauert es vielleicht etwas länger, sie zurückzugewinnen."

Oft ärgert sich ein Mann, wenn er bei seiner Frau keinen Schimmer von Romantik mehr entdeckt, und begreift nicht, daß sein verletzendes Verhalten daran schuld ist.

Welche Schritte kann ein Mann unternehmen, um die harmonische Beziehung zu seiner Frau wiederherzustellen?

Fünf Wege zu einer dauerhaften und liebevollen Beziehung

1. Versuchen Sie zu verstehen, auf welche Weise Sie Ihre Frau gekränkt oder verletzt haben.

Wir haben eine Liste der Dinge zusammengestellt, die Ihnen helfen soll, verletzendes Verhalten in Zukunft zu vermeiden (Sie finden die Liste am Ende des Kapitels). In der Vergangenheit waren Sie sich vielleicht dessen gar nicht bewußt, wie sehr Ihr Verhalten Ihre Frau gekränkt hat.

Manfred und Ursulas Geschichte ist ein gutes Beispiel dafür, wie die Insensibilität des Mannes eine Ehe zerstörte. Nach achtjähriger Ehe und drei Geburten war Ursulas einst so schlanke Figur etwas füllig geworden. Da Manfred nicht verstehen konnte, warum sie gar nichts unternahm, um wieder so schlank wie früher zu werden, fand er zahlreiche „kreative"Wege, um Ursula auf ihr Übergewicht hinzuweisen. Er versuchte, sie durch Vorträge, Forderungen und Bestechungen zum Abnehmen zu bewegen. Er drohte ihr sogar damit, den Urlaub zu streichen, wenn sie nicht abnehmen würde. Aber nichts funktionierte. Sie schien unfähig zu sein, auf seinen Wunsch einzugehen.

Durch Manfreds ständige Kritik und Grobheit wurde Ursula verletzt. Als Folge davon begann sie, ihn allmählich von ihrem Leben auszuschließen. Sie schloß ihn gefühlsmäßig aus, entzog sich ihm körperlich und entschuldigte sich mit Kopfschmerzen oder Müdigkeit. Seine gelegentlichen spitzen Bemerkungen, wie: „Weißt du, daß du schon zweimal vom Nachtisch genommen hast?", und seine dominierende Persönlichkeit setzten sie ständig unter Druck, steigerten ihre Nervosität und verstärkten ihr Eßbedürfnis. Manfred hatte nicht die geringste Ahnung, was er ihr antat. „Wenn du abnehmen willst", sagte er, „faßt du einfach den Entschluß dazu, und dann führst du ihn aus!"

Da Ursula wenig oder gar nicht daran interessiert war, Manfred zu gefallen, hat sie ihn möglicherweise unbewußt damit bestraft, daß sie ihre überflüssigen Pfunde behielt. Ganz zufällig tat Manfred dann etwas, das sie schließlich doch dazu motivierte, abzunehmen. Er rief sie von einer Geschäftsreise aus an und sagte: „Ich war ein miserabler Ehemann, so wie ich dich behandelt habe. Von nun an will ich dich lieben – nur dich – ohne Bedingungen. Ich war derjenige, der die Kontrolle über sich verloren hat."

Ursula antwortete: „Weißt du, jedesmal wenn du von mir verlangt hast, abzunehmen, hattest du so eine verächtliche Haltung mir gegenüber, daß ich dadurch höchstens den Wunsch bekam, den ganzen Kühlschrank leer zu essen. Ich hatte nie den Wunsch, dir zu gefallen. Aber weil du jetzt sagst, daß ich die Freiheit habe, das zu tun, was ich will, und ich auch spüre, daß du es ernst meinst, habe ich tatsächlich den Wunsch abzunehmen."

Manfred wurde sensibler und zärtlicher, als Ursula ihm erklärte, daß sie wirklich nicht dick sein wollte. Sie fühlte sich häßlich, wenn sie mit ihren Freundinnen zusammen war, und die neue Mode ließ sie nur noch dicker erscheinen. Ursula hatte immer wieder gesagt: „Wenn du mich nur so akzeptieren würdest, wie ich bin, anstatt zu verlangen, daß ich schlank und sexy sein soll. Daß du mich ablehnst, ist fast mehr, als ich ertragen kann." Ablehnung ist etwas, was einem Menschen großen Schmerz zufügt. Sie trifft mitten ins Herz.

Als Manfred erkannte, daß seine Kritik seine Frau verletzte, befand er sich bereits auf dem besten Wege, die Beziehung wieder in Ordnung zu bringen.

2. Geben Sie zu, daß Sie die Hauptverantwortung für die Verschlechterung Ihrer Ehe tragen.

Hier verschreibe ich Ihnen eine sehr bittere Medizin. Für mich selbst war dies die bitterste Pille, die ich jemals zu schlucken hatte. Als mein Freund Ken Nair mir das zum ersten Mal sagte, widersetzte ich mich heftig. Ich hielt ihn für verrückt! Was er mir da erzählte, konnte doch nicht wahr sein! Ich wehrte mich mit Händen und Füßen, ich kämpfte und argumentierte einen ganzen Monat lang. Trotz meines anfänglichen Widerstands wurde ich schließlich „bekehrt", weil ich nicht in der Lage war, auch nur eine Ausnahme zu dieser Regel zu finden. Und ich habe wirklich stundenlang darüber nachgedacht, um wenigstens auf eine einzige zu kommen.

Lassen Sie die folgende Aussage einfach einmal auf sich wirken. Sie wird automatisch bestimmte Gefühle bei Ihnen auslösen. Wenn Sie heftig darauf reagieren, habe ich vollstes Verständnis dafür. Wenn es bei einem Paar, das länger als fünf Jahre verheiratet ist, zu anhaltenden Unstimmigkeiten in der Ehe kommt, liegt das meist daran, daß der Mann seiner Frau keine echte Liebe entgegenbringt. Damit will ich nicht sagen, daß nur der Mann für jede einzelne Unstimmigkeit in der Ehe verantwortlich ist. Manche alltäglichen Konflikte können auf körperliche Erschöpfung der Frau, gesundheitliche Probleme, zu viel Arbeit, etc. zurückgeführt werden. Daß eine Frau an manchen Tagen negativ auf ihren Mann reagiert, kann eine Reihe von temporären Ursachen haben: vielleicht hat sie Kopfschmerzen oder sie hat sich wegen eines Anrufs von ihrem Vater aufgeregt. Gewiß ist der Mann an diesen gelegentlich auftretenden Problemen nicht schuld. Ich habe jedoch festgestellt, daß nach fünfjähriger Ehe der Mann längere Disharmonien in seiner Ehe vermeiden kann, indem er die Bedürfnisse seiner Frau erkennt und beharrlich erfüllt. Das ist sehr schwer zu glauben, nicht wahr? Bei mir dauerte es Monate, bis ich es überhaupt erst einmal als eine Möglichkeit in Betracht ziehen konnte, und dann hatte ich es lange noch nicht akzeptiert.

Als ich einmal während eines Vortrages diese These ansprach, reagierte ein Zuhörer sehr heftig darauf. „Wenn eine Frau nicht ‚spurt‘, sollte man ihr eine Tracht Prügel verpassen!" sagte er. „Schmeißt ihn raus!" rief daraufhin eine Frau im Publikum.

Zuerst überraschte mich seine Reaktion, aber später erfuhr ich, daß er und seine Frau sich gerade in einem jener „finsteren Täler" der Ehe befanden. Da er versuchte, sie davon zu überzeugen, daß *sie* an all ihren Problemen schuld sei, konnte er meiner These nicht zustimmen, weil damit seine ganze Argumentation hinfällig geworden wäre.

Meines Wissens gibt es mindestens drei Arten von Männern, die diese These ablehnen.

1. Ein Mann, der von seiner Frau verlassen wurde. Er würde zugeben müssen, daß das Scheitern der Ehe seine Schuld war, und das ist beinahe mehr, als man von ihm verlangen kann.

2. Ein Mann, der einen Verwandten oder guten Freund hat, der geschieden ist. „Es kann unmöglich die Schuld meines Bruders gewesen sein. Sie kennen seine Frau nicht!" (Sie sollten dabei nicht außer Acht lassen, daß Sie das meiste, was Sie über diese Frau wissen, von Ihrem Bruder erfahren haben.)

3. Ein Mann, der eine Affäre hat. Für ihn ist es einfach zu schwer, sich selbst die Schuld dafür zu geben, daß seine Frau frigide oder nörglerisch ist. Seiner Ansicht nach hat sie ihn in die Arme der anderen Frau getrieben.

Ich selbst habe vergeblich versucht, diesen Grundsatz zu widerlegen, indem ich mir Entschuldigungen ausdachte: „Was wäre geschehen, wenn...?" Machen Sie es nicht so wie ich. Wenn Sie einen Einwand vorbringen, der sich auf Gerüchte oder hypothetische Situationen stützt, ist Ihre Argumentation gegenstandslos. Ehe Sie eine Entschuldigung für einen Ehemann finden, müssen Sie zuerst beide Seiten gehört haben, und eine fiktive Geschichte beweist überhaupt nichts.

Eine einseitige Angelegenheit?

Eines Morgens sah ich Norma an, daß ich sie gekränkt hatte. Sogleich sagte ich: „Ich sehe ein, daß das, was ich eben gesagt habe, zu grob war. Ich hätte es nicht sagen sollen. Ich bitte dich, mir zu vergeben."

„Gut, ich vergebe dir", sagte sie.

Im Stillen dachte ich: „Das Ganze ist wirklich eine einseitige Angelegenheit. Anscheinend muß nur ich mich bemühen, alles richtig zu machen. Und was ist mit ihr?"

Deshalb sagte ich: „Wie kommt es eigentlich, daß ich immer derjenige bin, der um Vergebung bitten muß, wenn er etwas falsch gemacht hat? Warum bittest du mich nicht mehr um Vergebung? Das ist doch eine einseitige Angelegenheit, oder?"

Sie sah mich an und sagte: „Ich bin gerne bereit, meine Fehler zuzugeben und dich um Vergebung zu bitten, *falls* ich dich kränken würde."

„Das geht aber wirklich zu weit! Wie überheblich! Wie kannst du nur so etwas Selbstgefälliges sagen?" entgegnete ich. „Du hast viele Dinge getan, die mich gekränkt haben. Ich kann mich aber nicht erinnern, wann du zum letzten Mal einen Fehler zugegeben und mich um Vergebung gebeten hast."

„Nun, womit habe ich dich denn zum Beispiel gekränkt?"

„Laß mir eine Minute Zeit, und mir werden eine Menge Dinge einfallen", sagte ich.

„Nun, welche denn?" fragte sie wieder.

„Eine Minute, mir werden schon ein paar einfallen", antwortete ich und versuchte, Zeit zu gewinnen.

Ich überlegte und überlegte, aber ich konnte mich nicht an eine einzige Sache erinnern. „Das gibt es doch gar nicht!" sagte ich mir. Aber mir fiel wirklich überhaupt nichts ein, womit sie mich gekränkt hätte. Schließlich sagte ich: „Aber ich weiß einige Dinge, die du an deinem Verhalten ändern könntest."

„Was denn?"

„Auch wenn wir seit fünf Jahren verheiratet sind, kann ich dir jetzt die erste Ausnahme zu der Regel nennen, daß alles meine Schuld sein soll. (Ich war sehr zufrieden mit mir.) Es gibt Zeiten, in denen du mich nicht achtest und mir nicht als einem besonderen Menschen in deinem Leben die Ehre gibst. Manchmal benutzt du scharfe und verächtliche Worte – nun sag mir doch einmal, warum das meine Schuld sein soll?"

Wir setzten uns an den Küchentisch und sprachen jeden einzelnen

Punkt durch. Nach nicht mehr als zehn Minuten hatten wir festgestellt, daß jedesmal wenn sie mich verächtlich behandelt hatte, ich entweder mit dem linken Fuß zuerst aufgestanden war oder den ganzen Tag lang an ihr herumkritisiert hatte. Ich hatte ihre Achtung nicht verdient. Es war erstaunlich – alle drei Dinge, die sie meiner Meinung nach abstellen sollte, waren das direkte Ergebnis meines Versagens, ihr echte Liebe entgegenzubringen.

Nun muß ich aber gestehen, daß die ganze Episode einen bitteren Nachgeschmack bei mir hinterlassen hat. Selbst heute denke ich noch manchmal, wenn ich müde oder ein wenig deprimiert bin: „Das ist doch verrückt! Eigentlich sollte ich das den Leuten gar nicht sagen. Die Frauen werden dadurch ihren Mann nur unter den Pantoffel bringen." Aber genau das Gegenteil ist der Fall. Wenn ein Mann seiner Frau mit Zärtlichkeit begegnet, wenn er liebevoll und verständnisvoll ist, und wenn er die meisten der hier beschriebenen Dinge in die Tat umsetzt, wird sie in allen Bereichen auf ihn eingehen. Sie wird sich einen engen Gedankenaustausch mit ihm wünschen, und sie wird körperlich auf ihn eingehen. Das ist, wie schon gesagt, nur dann nicht so, wenn die Frau in einen anderen Mann verliebt ist.

Ich weiß genau, wie *schwer* es ist, Fehler zuzugeben. Als eines Abends Norma und ich schon im Bett lagen, sagte ich etwas Beleidigendes zu ihr. Sie wandte sich von mir ab, und obwohl ich unsere Beziehung wieder in Ordnung bringen wollte, war ich zu stolz, um etwas zu sagen. Die Worte blieben mir in der Kehle stecken. Ich wollte sagen: „Norma, es war nicht richtig von mir, das zu sagen." Ich versuchte es, aber ich brachte kein Wort über die Lippen. So beschloß ich, erst einmal zu schlafen, weil ich dachte, daß es mir am nächsten Morgen leichter fallen würde, den Fehler zuzugeben. In der Nacht wachte ich mehrmals auf. Immer mehr hatte ich den Wunsch, meinen Fehler einzugestehen, und immer mehr bereute ich, was ich gesagt hatte. Am anderen Morgen konnte ich dann den Fehler zugeben, und unsere Beziehung war wieder in Ordnung. Aber ist Ihnen klar, was ich getan hatte? Ich hatte meine Frau die ganze Nacht darunter leiden lassen, daß unser Verhältnis getrübt war.

3. Zeigen Sie Ihrer Frau, daß Sie es bedauern, sie verletzt zu haben.

Meine Frau hat mir immer wieder gesagt, wie viel es ihr bedeutet, wenn sie mein aufrichtiges Bedauern sieht, nachdem ich sie verletzt habe. „Wie hältst du es nur mit mir aus? Daß du überhaupt mit mir zusammenleben kannst! Du verdienst einen Orden dafür, daß du bei mir bleibst. Du würdest die Tapferkeitsmedaille verdienen; es ist wirklich bewundernswert, daß du mit so einem gefühllosen Mann wie mir zusammenleben kannst." Aufrichtige Worte wie diese drücken meine Reue aus und bringen unsere Beziehung wieder ins Lot.

Ich fragte einmal eine Frau: „Würde es Ihnen etwas bedeuten, wenn Ihr Mann, nachdem er Sie gekränkt hat, sein Unrecht zugeben und sein Bedauern über den Ihnen zugefügten Schmerz ausdrücken würde? Was würden Sie tun, wenn er sagen würde: ,Wie hältst du es nur mit so jemandem wie mir aus, so gefühllos wie ich bin?'"

„Ich würde die Polizei rufen", antwortete sie.

Verblüfft wiederholte ich: „Sie würden die Polizei rufen?"

„Ja, weil ich wüßte, daß ich einen Schwindler im Haus habe."

Manche Frauen sagten mir: „Mein Mann würde nie zugeben, daß er etwas falsch gemacht hat. Dazu ist er viel zu stolz." Und doch treffe ich immer wieder Männer, die bereit sind, ihre Fehler einzugestehen, wenn ihre Frau nur die nötige Geduld aufbringt, ihnen zu erklären, wodurch sie sie verletzt haben.

4. Bitten Sie Ihre Frau um Vergebung, wenn Sie sie verletzt haben.

Eine Frau möchte einen Mann haben, der *versteht, wie tief* ihr Schmerz ist, wenn sie von ihm verletzt worden ist. Viele Frauen haben mir schon gesagt: „Wenn mein Mann nur wüßte, wie tief mich die Worte getroffen haben, die er so leichtfertig dahersagt. Wenn er nur wüßte, wie lange ich daran denken muß." An harte Worte kann sich eine Frau oft jahrelang genau erinnern.

Eine Frau möchte gern von ihrem Mann hören, daß er sagt: „Willst du mir vergeben?" Und wenn er sie auch aussprechen kann: „Ja, ich vergebe dir", fühlt sie sich freier, ihren Teil zu der Wiederherstellung der Beziehung beizutragen. Wenn ihr Mann jedoch einfach nur sagt: „Oh, es tut mir leid, Liebling", ist das nicht immer genug. Wenn er es sanft und zärtlich sagt, mag es vielleicht genügen. Aber für eine Frau ist es wirklich wichtig, zu hören: „Willst du mir vergeben?" Das zeigt ihr, daß ihr Mann sie und das, was sie in die Beziehung einbringt, wirklich schätzt. Ein oberflächliches „Es tut mir leid" kann heißen: „Es tut mir leid, daß ich erwischt worden bin", oder „Es tut mir leid, daß ich deine Sensibilität ertragen muß". Für gewöhnlich kann dadurch die Harmonie und Einheit in einer Beziehung nicht wieder hergestellt werden.

5. Zeigen Sie ihr, daß Sie sich ständig ehrlich darum bemühen, kränkende Verhaltensweisen und Worte zu korrigieren.

Man könnte es auch „Buße" nennen. Es bedeutet ganz einfach, daß wir unsere Art, zu denken und zu handeln, so verändern sollen, daß sie der Art, wie Jesus dachte und handelte, ähnlich wird (Luk. 17,3 – 5).

Eine Frau ist nicht beeindruckt, wenn ihr Mann sie um Vergebung bittet oder sein Unrecht zugibt, wenn er sie dann weiterhin Jahr für Jahr auf dieselbe Art und Weise verletzt. Worte sind ganz schön, aber sie allein reichen nicht aus.

Es ist oft die ganze Haltung, und nicht einzelne Worte oder Handlungen, wodurch eine Frau am meisten verletzt wird. Wenn sie *sieht,* daß sich die Haltung ihres Mannes verändert, wird sie sich bereitwilliger ihm gegenüber öffnen und eine wirklich enge Beziehung zu ihm haben wollen. Andernfalls wird sie sich ihm gegenüber verschließen, weil sie Angst davor hat, wieder verletzt zu werden.

Kann eine instabile Ehe wirklich auf den Mangel an echter Liebe von seiten des Mannes zurückgeführt werden?

Eine Sache möchte ich hier ganz ausdrücklich betonen: Erst nach *fünfjähriger Ehe* ist der Mann für länger andauernde Disharmonien in der Ehe verantwortlich zu machen. Wenn eine Frau heiratet, trägt sie in sich das Erbe ihrer Erfahrungen mit ihrem Vater, ihrer Mutter, ihren Geschwistern und ihren Freunden. Sie ist geprägt von ihrer Umgebung, ihren Beziehungen und ihrem Leben vor der Ehe.

Das Hauptproblem für uns Männer ist unser Mangel an Wissen und Fähigkeiten, unsere Frau so zu „nähren und pflegen" (Eph. 5,28-29), daß wir eine sich vertiefende, liebevolle und enge Beziehung zu ihr haben können.

Sie mögen ähnlich denken wie Michael, als er diese ganze These in Frage stellte.

„Moment mal", sagte Michael. „Das kann nicht stimmen."

„Ich weiß, es ist schwer zu glauben", bestätigte ich.

„Nun, nehmen Sie z.B. Carola, meine Frau", sagte er. „Sie hat sich von mir scheiden lassen, aber Sie können mir nicht erzählen, daß alle

Probleme in unserer Beziehung darauf zurückzuführen sind, daß ich versagt und sie nicht wirklich geliebt habe. Das kaufe ich Ihnen einfach nicht ab!"

Um die Richtigkeit meiner These zu beweisen, bat ich ihn: „Nennen Sie mir ein Beispiel – irgend etwas, was Sie an Ihrer Frau nicht mochten – und dann werden wir sehen, ob wir diese Sache analysieren können."

„Nehmen Sie nur einmal dieses eine Beispiel", sagte er, fest davon überzeugt, daß er meine These widerlegen könnte. „In unserer Hochzeitsnacht hatten wir Intimverkehr. Sie fühlte sich von der ganzen Erfahrung abgestoßen, und von diesem Tag an hat sie in den mehr als zwanzig Jahren unserer Ehe nie Freude daran gehabt. Nie hat sie die Initiative ergriffen, sie war nicht mal daran interessiert. Immer habe ich die Initiative ergriffen.

Mir kam es so vor, als sei sie eher ein Objekt, das an der Beziehung gar nicht richtig beteiligt war. Wieso soll das denn meine Schuld sein? In der Hochzeitsnacht hat sie sich doch mir gegenüber verändert."

Michael war drei Jahre mit Carola befreundet gewesen, bevor sie heirateten. Daher fragte ich ihn, wie er sie während dieser drei Jahre behandelt hatte.

„Oh, gut", antwortete er.

„Michael, ich weiß zufällig, daß es nicht so gut war. Sie standen in dem Ruf, sie gemein und gefühllos zu behandeln, das wissen wir doch beide. Erinnern Sie sich an einige der Dinge, die Sie damals getan haben?"

Als er zugab, sich daran zu erinnern, sagte ich: „Sie haben ihre Gefühle wirklich verletzt. Haben Sie in all den Jahren, als sie befreundet waren, jemals die Dinge wieder in Ordnung gebracht, nachdem Sie sie gekränkt hatten?"

„Nein. Ich wußte nicht, wie ich das machen sollte. Ich hatte keine Ahnung, was ich tun sollte", antwortete er.

„Warum hat sie Sie geheiratet – um von ihrer Familie wegzukommen?"

„Stimmt."

„Und dann hat sie in der Hochzeitsnacht festgestellt, daß Sex gar nicht so etwas Tolles ist. Und wissen Sie auch warum? Weil zwischen Ihnen beiden keine Harmonie bestand. Abgesehen davon, haben Sie sie darauf vorbereitet?"

Ich erklärte ihm, daß viele Frauen mir sagen, daß sie bis zu drei Tage lang romantisch und emotional vorbereitet werden müssen, ehe sie auf ihren Mann wirklich eingehen können. Eine Frau ist gewissermaßen eher wie eine Herdplatte und ein Mann eher wie eine Lampe. Sie „erwärmt" sich langsam, während er sofort „angeht".

„Haben Sie jemals Ihr Gewissen erleichtert? Haben Sie je diese früheren Dinge bereinigt, als Sie dann verheiratet waren?" fragte ich ihn.

„Nein, niemals." Michael hatte nie zugegeben, daß er etwas falsch gemacht hatte.

„Haben Sie Ihre Frau oft kritisiert?"

Michael senkte beschämt den Kopf. Er gestand sogar, daß er ihr einmal gesagt hatte, alle Probleme seien einzig und allein ihre Schuld. Nach einigen Minuten stiegen ihm Tränen in die Augen, weil er erkannte, wie gefühllos, grausam und hart er all die Jahre gewesen war.

Auf der Liste am Ende des Kapitels finden Sie noch mehr Beispiele, anhand derer Sie herausfinden können, wie Sie möglicherweise die Beziehung zu Ihrer Frau beeinträchtigt haben. (Zusammengestellt wurde diese Liste von Ken Nair, der als Dozent und Berater für Ehe- und Familienfragen arbeitet.) Wenn Sie Hilfe brauchen, dann haben Sie ja einen Experten im Haus – Ihre Frau. Sie werden sich vielleicht darüber wundern, wie gut sie sich an lieblose Worte oder Handlungen erinnern kann. Doch viele Frauen sagen, daß sie Angst vor ihrem Mann haben und nicht wagen, ehrlich zu sein, aus Furcht, er könnte sie zurückweisen oder ihr vorwerfen, unlogisch, übersensibel oder nachtragend zu sein.

Wenn Sie die oben genannte These ablehnen, stehen Sie damit nicht allein da. Viele verheiratete und ledige Frauen werden sich Ihnen anschließen.

Ich erklärte diese These einmal einer älteren Frau, deren Mann sie wegen einer Jüngeren verlassen hatte. Sie widersprach mir energisch, als ich sagte, ich könne das Scheitern ihrer Ehe auf das Versagen ihres Mannes zurückführen.

„Aber das ist doch lächerlich. Jederman weiß, daß beide Seiten gleich viel Schuld haben. Ich bin ebenso dafür verantwortlich wie er", wandte sie ein.

„Nun, ich suche immer noch die erste Ausnahme. Ich wäre Ihnen sehr dankbar, wenn Sie mir erklären könnten, was Sie in Ihrer Ehe falsch gemacht haben", sagte ich.

Eine Stunde später sah sie ein, daß sie in all den Jahren ganz anders reagiert hätte, wenn ihr Mann anders mit ihr umgegangen wäre. Wir konnten alles, was er ihr vorgeworfen hatte, darauf zurückführen, daß er sie nicht wirklich geliebt hatte.

Einige Männer (ich z.B.) waren der Meinung, dieses Material sei gefährlich, weil die Frauen dadurch verantwortungslos werden würden. Sie geraten in Panik, weil sie fürchten, ihre Frau würde ihnen auch die Dinge anlasten, an denen sie wirklich selbst schuld hat. Ich kann diese Panik verstehen. Im allgemeinen löst diese These Wut aus, weil sie unser verantwortungsloses Verhalten als Ehemänner enthüllt. Und das können wir nicht ertragen – besonders am Anfang nicht. Glauben Sie mir, ich kenne und verstehe den Kampf, der sich vielleicht jetzt in Ihrem Inneren abspielt.

Auch viele alleinstehende Frauen reagieren anfangs ablehnend. So hörte ich z.B. mit an, wie zwei Damen vom Verlag, die mein Buch bearbeiteten, über den Inhalt diskutierten; eine war verheiratet, die andere ledig.

„Einige der Gedanken in diesem Buch kommen mir nicht sehr glaubhaft vor", sagte Anne, 25 Jahre alt und ledig.

„Manches kann ich nicht glauben, wie z.B. daß Frauen emotionaler sein sollen."

„Warte nur, bis du verheiratet bist", sagte Bettina. „In den anderthalb Jahren unserer Ehe haben mein Mann und ich viele der Probleme, die Gary in seinem Buch beschreibt, selbst erlebt."

„Aber einige der Verallgemeinerungen stören mich", fuhr Anne fort. „Ich glaube nicht, daß Frauen generell sensibler und Männer logischer sind. Ich glaube nicht, daß du sensibler bist, weil ich dich bei der Arbeit erlebe. Ich kenne dich."

„Aber in einer Ehe ist das anders", antwortete Bettina. „Als mein Mann neulich ein Kapitel las, das ich bearbeitet hatte, sagte er: ‚Mir scheint, du läßt deine eigenen Gedanken in dieses Buch einfließen'. Eines der Beispiele war nämlich fast aufs Wort genau die Wiedergabe eines Gesprächs, das wir vor kurzem geführt hatten."

Wenn dieses Kapitel auch nur bewirkt, daß Sie sich darum bemühen, eine Ausnahme zu der Regel zu finden, ist das schon viel wert. Und selbst wenn wir in fünf Jahren Hunderte von Ausnahmen entdecken sollten, wird sich unsere Erfahrung gelohnt haben. Denn Sie und ich müssen verantwortungsvollere und liebevollere Partner werden, ganz gleich, wie unsere Frau sich verhält. Das ist die Grundlage für echte Liebe – das Rechte zu tun, unabhängig davon, was der andere tut oder sagt.

Echte Liebe motiviert uns dazu, an einer Beziehung hauptsächlich um des anderen willen zu arbeiten. Wenn wir das tun, werden *wir* selbst gewinnen, weil eine bessere Beziehung *uns* Freude schenken wird.

Einige der Dinge, mit denen ein Mann seine Frau verletzen kann, finden Sie im folgenden aufgelistet. Wenn ein Mann erkennt, daß er seine Frau auf eine dieser Arten verletzt hat, muß er die Sache bereinigen, um die Beziehung wieder in Ordnung zu bringen. Warum bitten Sie nicht einfach Ihre Frau, die Punkte herauszusuchen, die für Sie zutreffen?

1. Er ignoriert sie.
2. Er schätzt ihre Meinung nicht.
3. Er widmet anderen Menschen mehr Aufmerksamkeit als ihr.
4. Er hört ihr nicht zu oder versteht nicht, daß ihre Gefühle wichtig sind.
5. Er schließt sie aus, indem er nicht mit ihr spricht.
6. Er läßt sich leicht ablenken, wenn sie mit ihm reden will.
7. Er nimmt sich nicht extra Zeit, um mit ihr zusammen zu sein.
8. Er ist nicht bereit, über Dinge zu sprechen, die er nicht versteht.
9. Er ist nicht bereit, über Dinge zu sprechen, die sie nicht versteht.
10. Er gibt ihr nicht die Gelegenheit, ihre Meinung zu sagen, wenn es um Entscheidungen geht, die die ganze Familie betreffen.
11. Er straft sie mit Zorn oder Schweigen.
12. Er macht sich lustig über Bereiche ihres Lebens.
13. Er macht sarkastische Bemerkungen über sie.
14. Er beleidigt sie in Gegenwart anderer.
15. Er ist schnell mit heftigen Antworten bei der Hand.
16. Er weist sie mit harten Worten zurecht.
17. Er sagt leichtfertig etwas, ohne nachzudenken, wie es auf sie wirken wird.

18. Er kritisiert sie mit scharfen Worten.
19. Er schimpft, ohne ihr die Chance zu geben, eine Situation zu erklären.
20. Er schreit sie an.
21. Er gibt völlig unbegründete kritische Kommentare.
22. Er flucht in ihrer Gegenwart.
23. Er korrigiert sie in der Öffentlichkeit.
24. Er weist taktlos auf ihre Fehler und Schwächen hin.
25. Er erinnert sie wütend daran, daß er sie davor gewarnt hatte, etwas Bestimmtes zu tun.
26. Er zeigt eine verächtliche oder verurteilende Haltung.
27. Er setzt sie unter Druck, wenn sie sich schon niedergeschlagen oder verletzt fühlt.
28. Er belehrt sie, wenn sie Trost, Ermutigung oder Zärtlichkeit bräuchte.
29. Er bricht seine Versprechen, ohne eine Erklärung dafür zu geben oder vorher darum zu bitten, von dem Versprechen entbunden zu werden.
30. Er sagt ihr, wie wunderbar andere Frauen sind, und vergleicht sie mit ihnen.
31. Er zürnt ihr wegen einer Sache, obwohl sie sich bemüht hatte, es richtig zu machen.
32. Er ist unhöflich zu ihren Verwandten.
33. Er provoziert Auseinandersetzungen.
34. Er korrigiert oder straft sie aus Wut für irgend etwas, für das sie gar nicht verantwortlich ist.
35. Er lobt sie nicht für Dinge, die sie gut gemacht hat, auch wenn sie diese extra für ihn getan hat.
36. Er behandelt sie wie ein kleines Kind.
37. Er wird in der Öffentlichkeit ausfallend ihr oder anderen Menschen gegenüber, z.B. gegenüber Kellnern oder Verkäufern.
38. Er ist sich ihrer Bedürfnisse gar nicht bewußt.
39. Er ist undankbar.
40. Er vertraut ihr nicht.
41. Er billigt nicht, was sie macht oder wie sie etwas macht.
42. Er hat kein Interesse an ihrer persönlichen Entwicklung.
43. Er ist inkonsequent oder mißt mit zweierlei Maß (er tut Dinge, die er bei ihr nicht gutheißen würde).

44. Er gibt ihr keinen Rat, wenn sie einen bräuchte und ihn darum bittet.
45. Er sagt ihr nie, daß er sie liebt.
46. Seine ganze Haltung drückt Stolz und Arroganz aus.
47. Er ermutigt sie nicht an jedem Tag.
48. Er bezieht sie nicht ins Gespräch ein, wenn er sich mit anderen unterhält.
49. Er kümmert sich zu wenig oder gar nicht um sie, wenn sie irgendwo eingeladen sind.
50. Er „redet sie in Grund und Boden" – d.h. er spricht immer wieder über eine bestimmte Sache, nur um zu beweisen, daß er recht hat.
51. Er ignoriert sie zu Hause, als ob sie gar nicht zur Familie gehörte.
52. Er hört nicht zu, wenn sie ihm etwas Wichtiges sagen will, sobald er von der Arbeit nach Hause kommt.
53. Er beachtet sie nicht bei gesellschaftlichen Ereignissen.
54. Er geht nicht mit der Familie zur Kirche.
55. Er sagt ihr nicht offen, was er über ihre innersten Gefühle denkt.
56. Er zeigt mehr Begeisterung für seine Arbeit oder andere Beschäftigungen als für sie.
57. Er benimmt sich unhöflich am Tisch.
58. Er hat sowohl zu Hause als auch in Gegenwart anderer schlechte Manieren.
59. Er geht nicht von Zeit zu Zeit einmal allein mit ihr aus.
60. Er hilft ihr nicht mit den Kindern, wenn sie die Mahlzeiten vorbereiten muß oder sonst besonderen Belastungen ausgesetzt ist.
61. Er bietet ihr nie seine Hilfe beim Abwasch oder Hausputz an.
62. Er stellt sie als dumm hin, wenn sie ihre Meinung über seine Arbeit oder eine anstehende Entscheidung sagt.
63. Er gibt ihr das Gefühl, minderwertig zu sein, weil sie bestimmte Möbel, eine Versicherung oder andere materielle Dinge für sich und die Familie haben will.
64. Er kümmert sich nicht genug um die Kinder; er hat kein Interesse daran, mit ihnen zu spielen und sich regelmäßig sinnvoll mit ihnen zu beschäftigen.

65. Er zeigt ihr seine Zuneigung nicht in der Öffentlichkeit; nie nimmt er ihre Hand oder legt den Arm um sie (als ob es ihm peinlich wäre, mit ihr gesehen zu werden).

66. Er teilt nicht sein ganzes Leben mit ihr, spricht nicht über Gedanken oder Gefühle (er erzählt ihr z.B. nicht, was gerade an seinem Arbeitsplatz los ist).

67. Er ist nicht das geistliche Oberhaupt der Familie.

68. Er fordert von ihr, sich ihm unterzuordnen.

69. Er verlangt von ihr, mit ihm zu schlafen, auch wenn die Harmonie zwischen ihnen gestört ist.

70. Er ist nicht bereit, ein Unrecht zuzugeben.

71. Er wehrt sich, wenn sie auf eine seiner Schwächen hinweist.

72. Er ist von seiner Arbeit und seinen Hobbies zu sehr in Anspruch genommen.

73. Er zeigt kein Mitgefühl und Verständnis für sie oder die Kinder, wenn sie es nötig bräuchten.

74. Er macht keine Pläne für die Zukunft und gibt ihr dadurch keine Sicherheit.

75. Er ist kleinlich, was das Geld anbelangt und gibt ihr das Gefühl, sie bekäme einen Lohn ausbezahlt – und noch dazu einen schlechten.

76. Er will im sexuellen Bereich Dinge, die ihr peinlich sind.

77. Er liest Sexmagazine in ihrer oder der Kinder Gegenwart.

78. Er überläßt ihr die meisten finanziellen Entscheidungen.

79. Er überläßt es ihr, sich um Mahnungen und unbezahlte Rechnungen zu kümmern.

80. Er gibt ihr keine Geborgenheit und läßt sie nicht von Zeit zu Zeit einfach bei ihm anlehnen.

81. Er gesteht ihr nicht das Recht zu, manchmal zu versagen – immer muß er sie belehren.

82. Er läßt sie nicht einfach eine Frau sein.

83. Er kritisiert ihre weiblichen Eigenschaften oder ihre Sensibilität als Schwächen.

84. Er gibt zuviel Geld aus und stürzt die Familie in zu hohe Schulden.

85. Er hat keinen Sinn für Humor und kann nicht mit ihr gemeinsam über etwas lachen.

86. Er sagt ihr nie, wie wichtig sie für ihn ist.

87. Er schreibt ihr fast nie einen Liebesbrief.
88. Er vergißt besondere Tage, z. B. Geburtstag oder Hochzeitstag.
89. Er nimmt sie nicht in Schutz, wenn sich jemand über sie beklagt oder schlecht von ihr redet (besonders wenn es einer seiner eigenen Verwandten ist).
90. Er nimmt sie nicht in die Arme, wenn sie Trost braucht.
91. Er lobt sie nicht gegenüber anderen.
92. Er ist nicht aufrichtig.
93. Er entmutigt sie, wenn sie etwas für sich selbst tun will, sei es, sich fortzubilden oder körperlich fit zu halten.
94. Er hat schlechte oder schädliche Gewohnheiten, wie betrunken nach Hause zu kommen.
95. Er behandelt sie nicht so, als ob "Vorsicht – zerbrechlich„ auf ihrer Stirn geschrieben stünde.
96. Er ignoriert ihre Verwandten und die Menschen, die ihr wichtig sind.
97. Er betrachtet sie als etwas Selbstverständliches und meint, die Arbeit einer Frau im Haushalt sei eben nie zu Ende.
98. Er erzählt ihr erst in letzter Minute von seinen Plänen für die Zukunft.
99. Er überrascht sie nie mit kleinen Aufmerksamkeiten.
100. Er behandelt sie nicht als intellektuell ebenbürtig.
101. Er hält sie allgemein für schwächer.
102. Er ist so mit seinen eigenen Zielen und Bedürfnissen beschäftigt, daß sie das Gefühl hat, sie und die Kinder würden überhaupt nicht zählen.
103. Er droht, sie eine bestimmte Sache nicht mehr tun zu lassen, weil sie in der Vergangenheit einen Fehler gemacht hat.
104. Er kritisiert sie hinter ihrem Rücken. (Es verletzt sie tief, wenn sie von anderen Menschen von seiner Kritik erfährt.)
105. Er gibt ihr für etwas in ihrer Beziehung die Schuld, das eindeutig auf sein Konto geht.
106. Er ist sich der Grenzen ihrer körperlichen Kraft nicht bewußt und behandelt sie so, als ob sie ein Mann wäre, indem er unsanft mit ihr umgeht oder sie schwere Gegenstände schleppen läßt.
107. Er verliert die Geduld oder wird wütend, wenn sie leistungs- oder kräftemäßig nicht mit ihm Schritt halten kann.

108. Er tut so, als sei er ein Märtyrer, wenn er sich nach ihrer Meinung richtet.
109. Er ist beleidigt, wenn sie seine Äußerungen in Frage stellt.
110. Er tritt zu vielen Vereinen bei, so daß sie und die Kinder ausgeschlossen werden.
111. Er repariert nichts im Haus.
112. Er sieht zuviel fern und vernachlässigt dadurch sie und die Kinder.
113. Er verlangt, daß sie sich hinsetzt und seinen Standpunkt anhört, wenn sie sich um die Kinder kümmern müßte.
114. Er hält ihr immer wieder Vorträge, um auf Dinge hinzuweisen, die seiner Meinung nach wichtig sind.
115. Er demütigt sie mit Worten und Handlungen; er sagt z.B. Dinge wie: „Ich kann nicht in einem Schweinestall leben."
116. Er nimmt sich nicht die Zeit, sie auf Sex vorzubereiten.
117. Er geht verschwenderisch mit dem Geld um, ohne denen zu helfen, die nicht so begütert sind.
118. Er unterläßt es, Dinge mit der Familie zu unternehmen, die den Kindern Freude machen.
119. Er benutzt den Urlaub vor allem für sein Vergnügen, um zu jagen oder zu angeln zum Beispiel, und hindert sie daran, das zu tun, was ihr Spaß macht.
120. Er nimmt ihr nicht dann und wann die Verantwortung für die Kinder ab, damit sie sich mit ihren Freundinnen treffen, etwas Bestimmtes einkaufen oder ein Wochenende bei Freunden verbringen kann.
121. Er ist nicht bereit, mit ihr etwas zu unternehmen, was ihr Spaß macht, z.B. einkaufen oder Kaffee trinken gehen.
122. Er versteht nicht, wie langweilig viele Hausfrauenpflichten sind: den ganzen Tag Kleidungsstücke und Spielsachen aufzuräumen, den Kindern die Nase zu putzen, sie anzuziehen, die schmutzigen Schuhe und Jacken wieder auszuziehen, zu waschen, zu bügeln, etc.

Wie eine Ehe darunter leidet, daß der Mann seiner Frau keine echte Liebe entgegenbringt

Verhalten des Mannes

Reaktion der Frau

Unzuverlässig
Kümmert sich um nichts.

Nörgelt
Erinnert ihren Mann ständig an das, was er tun soll, und hält ihm dabei frühere Fehler und Versäumnisse vor.

Mißtrauisch und verurteilend
Fühlt sich für Geldfragen allein zuständig und will das Geld selbst verwalten. Gibt seiner Frau keine Auskunft über die finanzielle Situation der Familie. Ist davon überzeugt, sie würde ihn ruinieren, wenn sie die Gelegenheit dazu hätte.

Leichtsinnig im Umgang mit Geld
Gibt das Geld aus, als sei es leicht verdient. Scheint unverantwortlich mit Geld umzugehen, wenn sie darüber verfügen kann. Geht gedankenlos mit Kreditkarten um.

Zornig und streng

Reagiert im Zorn zu heftig gegenüber den Kindern oder anderen. Möchte von der Familie nicht gestört werden. Verlangt zuviel von den Kindern.

Nachsichtig gegenüber den Kindern
Findet Entschuldigungen für den Ungehorsam der Kinder und verschweigt ihrem Mann, was sie gemacht haben.

Insensibel und rücksichtslos

Verletzt andere durch Worte.

Überempfindlich

Weint oft und ist schnell

Macht sich über seine Frau oder andere lustig.

gekränkt. Kann Kränkungen lange nicht vergessen. Kann sich in allen Einzelheiten an früher zugefügte Kränkungen erinnern.

Unaufmerksam, gleichgültig, unzuverlässig
Mit seinen eigenen Angelegenheiten beschäftigt. Wertet die Gefühle anderer als unbegründet und unwichtig ab. Durch seine Rücksichtslosigkeit hat das Ansehen der ganzen Familie gelitten.

Dominierend

Beantwortet alle Fragen, auch die, die an ihren Mann gerichtet sind. Trifft die Entscheidungen im Haus und übernimmt die Verantwortung dafür, die Kinder zu bestrafen.

Gleichgültig und verantwortungslos
Scheint sich nicht darum zu kümmern, was die Familie braucht. Meint offensichtlich, er müsse nur finanziell für seine Familie sorgen.

Nörgelt
Erinnert ihren Mann ständig an Dinge, die er tun soll, und hält ihm frühere Fehler vor.

Treffen einige dieser typischen Eheprobleme auch auf Sie zu?

<u>Was ein Mann an seiner Frau nicht mag und kritisiert</u>

1. Sie ist lieber mit ihrer Mutter zusammen als mit ihm.

2. Sie ist bei der Hausarbeit nicht fleißig genug.

<u>Häufige Anzeichen dafür, daß der Mann seine Frau nicht wirklich liebt</u>

1. Er ist zu kritisch und zu wenig mitteilsam.

2. Er kritisiert ihre Art der Haushaltsführung und fordert Perfektion.

3. Sie ist fridige.

3. Er verletzt sie durch seine Grobheit, ist zu anspruchsvoll und verletzt auch die Kinder.

4. Sie tut Dinge hinter seinem Rücken.

4. Er ist kritisch, verurteilend, grob, unnachgiebig, er kümmert sich nicht darum, was die Kinder brauchen, ist eigensinnig und streitsüchtig.

5. Sie kritisiert die Art und Weise, wie er das Geld ausgibt.

5. Er geht unverantwortlich mit dem Geld um, ist verschwenderisch.

6. Sie vermeidet es, Dinge mit ihm gemeinsam zu tun.

6. Er ist kritisch, humorlos, verschlossen, nicht bereit, mit ihr einkaufen oder Kaffee trinken zu gehen.

7. Sie behandelt ihn, als ob er nichts zu sagen hätte.

7. Er ist grob und verletzt sie tief.

8. Sie hat Angst davor, vor einer Gruppe zu sprechen.

8. Er kritisiert ihre Ausdrucksweise und ihre Grammatik.

9. Sie schreit die Kinder morgens an.

9. Er ist undiszipliniert, vernachlässigt die Erziehung der Kinder, und hilft ihr nicht dabei, sie morgens für die Schule fertig zu machen.

10. Sie ist nicht flexibel, ist immer gekränkt.

10. Er akzeptiert sie nicht und ist zu kritisch.

11. Sie ist eigenmächtig.

12. Sie kann sich nicht unterordnen.

13. Sie respektiert ihn nicht.

14. Sie ist schnippisch und wird
leicht wütend.

15. Sie reagiert ablehnend
gegenüber seinen Freunden.

16. Sie ist nörglerisch.

17. Sie hat Angst vor einem
Umzug.

18. Sie telefoniert zu lange.

19. Sie ist zu nachsichtig gegenüber den Kindern.

20. Sie lehnt seine Verwandten
ab.

21. Sie ist zu streng mit den
Kindern

11. Er ist zu besitzergreifend
ihr gegenüber.

12. Er hat sie tief verletzt und
die Sache nicht wieder
bereinigt.

13. Er ist grob und beachtet sie
nicht, wenn er mit anderen
Menschen zusammen ist.

14. Er hat sie ernstlich gekränkt
und Versprechen nicht
eingehalten.

15. Er zieht seine Freunde
ihren Freunden vor.

16. Er übernimmt keine
Verantwortung, ist nach-
lässig oder unzuverlässig.

17. Er trifft übereilte Entscheidungen oder ist zu impulsiv.

18. Er redet nicht genug mit
ihr.

19. Er ist zu streng mit den
Kindern.

20. Er zieht seine Verwandten
den ihren vor.

21. Er ist zu nachsichtig gegenüber den Kindern.

22. Sie will nicht mit ihm beten.

22. Er verletzt sie immer wieder, ohne die Sache nachher zu bereinigen.

Zum Nachdenken

1. Was sollten wir tun, wenn unser Partner uns verletzt hat?
   Luk. 17, 3-4.
2. Mit welcher Haltung sollten wir einem Menschen gegenüber-
   treten, der einen Fehler gemacht hat?
   Gal. 6,1; Sprüche 15, 1.

6
Es gibt etwas, dem keine Frau widerstehen kann

„Laßt kein giftiges Wort über eure Lippen kommen. Seht lieber zu, daß ihr für die anderen in jeder Lage das rechte Wort habt, das ihnen weiter-hilft."
Eph. 4,29

Es war Samstag nachmittag, und ich schaute mir ein Fußballspiel im Fernsehen an, als meine Aufmerksamkeit plötzlich durch verräte-rische Geräusche abgelenkt wurde. Erstaunt sah ich, wie meine Frau und unsere drei Kinder neben mir anfingen, ihre Brote zu essen und ihr Cola zu trinken, während ich keinen Bissen zu essen hatte.

„Warum hat sie für mich keine Brote gemacht?" dachte ich. „Ich verdiene die Brötchen für die ganze Familie, und man beachtet mich gar nicht, so als ob ich gar nicht da wäre." Ich räusperte mich ver-nehmlich, um die Aufmerksamkeit meiner Frau auf mich zu lenken. Als das nicht klappte, wurde ich so ärgerlich, daß ich in die Küche ging, und mir selber ein Brot machte. Als ich mich wieder vor den Fernseher setzte, sagten weder Norma noch ich ein Wort.

Aber ich fragte mich weiter: „Wenn Frauen wirklich so sensibel sind, warum wußte sie dann nicht, daß ich auch etwas zu essen wollte? Wenn Frauen wirklich so aufmerksam sind, warum hat sie dann mein Räuspern nicht bemerkt, oder warum ist ihr nicht aufgefallen, daß ich überhaupt nichts zu ihr gesagt habe? Warum hat sie mir nicht ange-sehen, daß ich verärgert war?"

Als wir uns einige Tage später in aller Ruhe unterhielten, sagte ich: „Ich denke die ganze Zeit über etwas nach, aber ich weiß nicht, ob ich darüber sprechen soll. Neulich habe ich mich wirklich sehr gewun-dert. Darf ich dich mal etwas fragen?" Jetzt war sie neugierig geworden.

„Nur zu", sagte sie.

„Weißt du noch, am letzten Samstag, als ich das Fußballspiel anschaute, da hast du für die Kinder Brote gemacht? Ich würde gern wissen, warum du für mich keines gemacht hast."

„Meinst du das ernst?" fragte sie. Sie sah mich dermaßen erstaunt an, daß ich total verwirrt wurde.

„Natürlich meine ich das ernst. Schließlich verdiene ich den Lebensunterhalt der Familie, und da kann ich doch wohl erwarten, daß du mir auch etwas zu essen machst."

„Ich verstehe nicht, wie du überhaupt so etwas fragen kannst", entgegnete sie. Mittlerweile dachte ich schon, ich hätte vielleicht lieber nicht fragen sollen. Vielleicht sollte ich die Antwort selber wissen? Für sie schien die Sache vollkommen offensichtlich zu sein, aber für mich war sie das ganz und gar nicht.

„Norma, ich weiß es wirklich nicht. Ich gebe zu, daß ich für manche Dinge blind bin, und das ist anscheinend eines davon. Kannst du es mir nicht erklären?"

„Manchmal wirft man uns Frauen vor, wir seien dumm, aber das sind wir nicht", antwortete sie. „Wir setzen uns nicht freiwillig der Kritik aus." Offenbar hielt sie das für eine ausreichende Erklärung dafür, daß sie mir kein Brot gemacht hatte. „Das verstehe ich. Aber was hat das denn mit den Broten zu tun?"

„Ist dir klar, daß du jedesmal, wenn ich dir ein Brot mache, etwas daran auszusetzen hast? ‚Norma, du hast es nicht dick genug belegt… Ist diese Tomate wirklich reif?… Das ist viel zu viel Mayonnaise… Etwas Butter könnte auch nichts schaden… Es ist ein bißchen trocken…‘ Vielleicht ist es dir nie aufgefallen, aber an *jedem* Brot, das ich für dich gemacht habe, hattest du irgend etwas auszusetzen. Neulich wollte ich einfach nicht kritisiert werden. Das war die Sache nicht wert. Ich lasse mich nämlich nicht gern kritisieren."

Ich stand da wie ein begossener Pudel, weil ich mich sehr gut daran erinnern konnte, wie ich sie immer kritisiert hatte, wenn sie ein Brot für mich gemacht hatte. Jetzt hatte ich die Quittung dafür bekommen. Ich hatte Kritik gesät und einen leeren Teller geerntet. Glücklicherweise habe ich aus dieser Erfahrung gelernt: Ich begann, sie für jedes Brot, das sie mir machte, zu loben, und jetzt macht sie mir immer gern welche.

Kurz nachdem Maria Thomas verlassen hatte, fragte ich sie, ob sie sich an Dinge erinnern könne, für die Thomas sie gelobt hatte. Sie konnte sich an keine einzige Gelegenheit in ihrer über zwanzigjährigen Ehe erinnern, wo er sie gelobt hätte. Ihre Kinder bestätigen das. Sie sagten übereinstimmend, ihre Mutter habe nie ein Essen auf den Tisch gebracht, an dem ihr Vater nicht irgend etwas zu bemängeln hätte. Er beschwerte sich, wenn Salz und Pfeffer nicht auf dem

Tisch standen oder wenn das Fleisch nicht genau seinen Wünschen entsprach. Schließlich kam es so weit, daß sie nicht einmal mehr in seiner Nähe sein wollte, weil er immer nur kritisierte. Sie verließ ihn wegen eines anderen Mannes.

„Ich bin ganz froh, daß sie weggeht, weil sie sowieso nie etwas mit mir unternehmen will", sagte Thomas. „Sie ist ein Partymuffel und will immer nur allein sein. Sie schließt mich von allem aus. Wissen Sie, daß sie nie mit mir in den Urlaub fahren wollte? Ich habe es immer wieder versucht, aber nie wollte sie. Ich habe auch genug von ihr."

Über seine Eheprobleme sprachen wir erst nachdem er mir erzählt hatte, er habe die Stelle gewechselt, weil er mit seinem Chef nicht auskam.

„Wie hat er Sie behandelt?" fragte ich ihn.

„Er kam immer in die Abteilung, wo ich Vorarbeiter war, und stellte mich wegen irgendeiner Bagatelle vor all meinen Leuten zur Rede. Das hat mich tief verletzt. Dann ging er in sein Büro zurück, und ich habe weiter geschuftet. Nie hat er bemerkt, wie hart ich gearbeitet habe, oder auch nur ein anerkennendes Wort über meine Arbeit gesagt. Schließlich habe ich das nicht mehr ausgehalten und habe mich versetzen lassen."

Ich fragte Thomas: „Würden Sie mit Ihrem Chef in den Urlaub fahren?"

„Komische Frage. Das wäre das Schlimmste, was mir passieren kann."

„Und würden Sie sonst etwas mit ihm unternehmen wollen?" Als er das verneinte, erklärte ich ihm, daß er sich als Ehemann genauso verhielt wie sein Chef. Er machte ein langes Gesicht, und Tränen traten ihm in die Augen.

„Sie haben recht. Kein Wunder, daß Maria nie mit mir irgendwohin gehen wollte. Ich denke nie an die Dinge, mit denen sie mir eine Freude machen will. Immer kritisiere ich sie in Gegenwart der Kinder und unserer Freunde."

Aber es war schon zu spät. Maria hatte sich in einen anderen Mann verliebt. Obwohl Thomas sich von Grund auf änderte und jetzt Frauen gegenüber viel sensibler ist, ließ sie sich von ihm scheiden, um den anderen zu heiraten.

Frauen brauchen Lob. Wir sollten dieses Bedürfnis verstehen können, denn wir wollen ja auch wissen, daß andere uns schätzen.

Wir wissen, daß wir gebraucht werden, wenn andere uns sowohl dafür loben, was wir sind, als auch dafür, was wir tun.

Die Bibel erinnert uns daran, was für eine wichtige Rolle das Loben in allen Beziehungen spielt:

1. Wir sollen Gott loben (Ps. 100,4)
2. Wir sollen unsere Frau loben (Spr. 31, 28)
3. Wir sollen andere Menschen loben,
   z.B. unsere christlichen Freunde (Eph. 4,29)

Ich kann mich ganz genau daran erinnern, wie mein Chef vor Jahren zu mir sagte: „Wenn ich nur zehn Leute wie Sie hätte, könnten wir die Welt verändern!" Das hat mich so motiviert, daß ich gar nicht genug für ihn tun konnte.

Lehrer wissen, wie sehr Kinder durch Lob motiviert werden. Eine Lehrerin erzählte mir, daß sie an jedem Tag jeden einzelnen Schüler ihrer Klasse lobe. Ihre Schüler seien die motiviertesten, fleißigsten und eifrigsten in der ganzen Schule. Als ich in der Schule von dem Lehrer, der vertretungsweise den Mathematikunterricht in unserer Klasse übernommen hatte, regelmäßig gelobt wurde, verbesserten sich meine Leistungen in sechs Wochen von „ungenügend" auf „sehr gut".

Wenn wir also wissen, wie bedeutsam das Lob sein kann, warum können wir Männer dann unserer Frau nicht unsere Anerkennung zeigen? Es gibt verschiedene Gründe dafür. Der häufigste ist wohl der, daß wir so sehr mit unseren eigenen Bedürfnissen, unserem Beruf und unseren Hobbies beschäftigt sind, daß wir die guten und positiven Eigenschaften unserer Frau gar nicht mehr wahrnehmen. Und was noch schlimmer ist, wir loben sie auch dann nicht, wenn wir ihre guten Eigenschaften bemerken.

Wenn ein Mann vergißt, wie sehr seine Frau Anerkennung braucht, geht es mit der Ehe meistens schon bergab. Und wenn er immer nur das Negative und nie das Positive erwähnt, wird seine Ehe von Tag zu Tag leerer werden. Kritik wirkt zerstörerisch, besonders wenn sie mit zornigen oder harten Worten vorgebracht wird. (Spr. 15, 1+4). Wenn ein Mann seine Frau wegen ihrer besonderen weiblichen Eigenschaften angreift, zeigt er damit, daß er sie als Person nicht anerkennt. Dadurch wird ihre Beziehung automatisch getrübt.

In seinem Buch „Life is Tremendous" (Das Leben ist wunderbar) schreibt Charlie Jones, man könne das Leben nicht wirklich

genießen, wenn man nicht lernt, an allem etwas Positives zu entdecken und über alles etwas Positives zu sagen. Obwohl niemand
jemals vollkommen positiv zu allen Dingen seines Lebens eingestellt
sein wird, könne man doch langsam lernen, sich eine zunehmend
positive Einstellung anzueignen.

Wenn Sie sich eine positive Einstellung aneignen, werden nicht nur
die anderen Menschen viel lieber in Ihrer Nähe sein, auch Ihre Frau
wird davon profitieren. Sie wird ein größeres Selbstwertgefühl
bekommen, wenn sie weiß, daß Sie ihr alle Ermutigung gegeben
haben, die nur ein Mann seiner Frau geben kann.

Ermutigen Sie Ihre Frau und vertiefen Sie Ihre Beziehung, indem
Sie anhand der folgenden beiden einfachen Schritte lernen, wie Sie
Ihre Frau loben können.

Loben Sie Ihre Frau jeden Tag (mindestens) einmal

Als erstes sollten Sie sich selbst versprechen, Ihrer Frau täglich zu
sagen, was Sie an ihr besonders schätzen. Versprechen Sie es sich
selbst, und nicht ihr, sonst könnte sie möglicherweise Erwartungen
aufbauen und verletzt sein, wenn Sie es vergessen.

Lernen Sie, Ihre Anerkennung in Worte zu fassen. Frauen haben
mir gesagt, welche Dinge sie besonders gern hören. Hier sind einige
Beispiele:

1. Das war ein tolles Essen! Wie du den Auflauf mit saurer
   Sahne und Käse überbacken hast – einfach köstlich.

2. (Dies hier wirkt besonders gut mit einem Kuß am
   Morgen). Ich liebe dich wirklich. Du bist etwas ganz
   Besonderes für mich.

3. Wenn Sie mit Freunden zusammen sind: Das ist *meine*
   Frau. Sie gehört ganz mir.

4. Schreiben Sie ihr kleine Zettel mit Komplimenten und
   legen Sie sie auf den Kühlschrank, z.B.: Gestern abend
   warst du besonders schön.

5. Du bist wirklich eine gute Ehefrau. Was du alles für mich
   tust!

6. Unsere Kinder haben wirklich Glück, daß sie dich als
   Mutter haben. Wie gut du dich um sie kümmerst!

7. Ich weiß nicht, was mir besser gefällt, dein Kleid oder seine Trägerin.
8. Ob mir deine Frisur gefällt? An dir gefällt mir jede Frisur.
9. Ich möchte heute abend gern mit dir ausgehen, damit andere sehen können, was für eine hübsche Frau ich habe.
10. Liebling, du hast so viel gearbeitet. Warum setzt du dich nicht hin und ruhst dich vor dem Essen noch ein bißchen aus. Ich habe es nicht eilig mit dem Essen.
11. Du bedeutest mir so viel, daß ich jetzt einmal etwas Besonderes für dich tun möchte. Warum nimmst du nicht ein Bad und entspannst dich? Ich mache den Abwasch und kümmere mich darum, daß die Kinder ihre Hausaufgaben machen.

Margaret Hardisty weist in ihrem Buch nachdrücklich darauf hin, daß Frauen im allgemeinen die Dinge eher von der emotionalen Ebene aus angehen, während Männer dies von einer eher logischen, manchmal nüchtern objektiven aus tun. Wenn Sie daher Ihre Frau loben, sollten Sie darauf achten, daß Sie es mit solchen Worten und Dingen tun, die *in ihren Augen* ein Lob darstellen. Für gewöhnlich mögen Frauen alles, was romantisch ist oder dem Aufbau tieferer Beziehungen dient.

Lassen Sie sich etwas einfallen

Ein Mann konnte seine Frau zum Teil dadurch zurückgewinnen, daß er ihr auf phantasievolle Weise seine Anerkennung zeigte. Er kaufte 365 eingewickelte Bonbons, schrieb auf jedes Bonbonpapierchen etwas Besonderes und packte die Bonbons dann wieder ein. Ein ganzes Jahr lang wickelte seine Frau jeden Tag ein Bonbon aus und las auf dem Papier, was er an ihr schätzte.

Eine Frau findet gern versteckte Briefchen – im Schmuckkästchen, in der Besteckschublade oder im Medikamentenschrank… Halten Sie Ausschau nach Möglichkeiten, wie Sie Ihre Frau loben können. Ihrer Phantasie sind keine Grenzen gesetzt.

Welche Art von Lob würden Sie gern von Ihrem Chef hören? Versuchen Sie es mit etwas Ähnlichem bei Ihrer Frau. Sie sagen vielleicht: „So viel Lob brauche ich gar nicht. Ich fühle mich bei meiner Arbeit so sicher, daß es für mich wirklich nicht wichtig ist." Dann fragen Sie doch einfach einige Ihrer Kollegen und finden Sie heraus, auf welche Weise sie gern gelobt werden möchten. Einige ihrer Vorschläge könnten auch Ihrer Frau gefallen. Und fragen Sie auch Ihre Frau, welche Art von Lob sie gern hören würde.

Weisen Sie nicht auf die weniger attraktiven Punkte in ihrem Aussehen hin

Falten, graue Haare und überflüssige Pfunde gehören mit Sicherheit nicht zu den Themen, mit denen man gut ein Gespräch in Gang bringen kann. Selbst beiläufige Bemerkungen darüber können Ihre Frau verunsichern – sie mag dann möglicherweise befürchten, gegen ein „neueres Modell" eingetauscht zu werden. Sie weiß ja, daß Scheidung heutzutage eine zu leichte und allgemein übliche Sache ist.

Ein Mann schrieb für seine Frau ein reizendes Gedicht darüber, wie sehr er ihre Fältchen liebte und wie gern er ihre „Orangenhaut" liebkoste. Auch die Blumen, die sie zusammen mit diesem Gedicht bekam, waren nur ein schwacher Trost. Sie weinte stundenlang. Wir müssen unsere Frau loben, ohne die Aufmerksamkeit auf das zu lenken, was sie selbst an sich häßlich findet.

Das bedeutet aber nun nicht, daß Sie Ihrer Frau unaufrichtige Schmeicheleien sagen sollen. Waren Sie schon einmal auf einer Party, wo jemand Ihnen Komplimente machte, und Sie ganz genau wußten, daß seine Worte nicht ehrlich gemeint waren? Manchmal sagt ein Mann so dahin: „Oh ja, ich mag dein Kleid." Aber meist merkt seine Frau sofort, wenn er es nicht ernst meint. Selbst wenn Sie ihr Kleid nicht mögen, können Sie Ihrer Frau etwas Aufrichtiges sagen, wie z.B.: „Liebling, das Kleid sieht nicht halb so gut aus wie du."

Wußten Sie schon, daß Sie sogar in den Fehlern Ihrer Frau etwas Lobenswertes entdecken können? Die folgende Aufstellung gibt Ihnen vielleicht Anregungen dazu, wie Sie an den Dingen, die Sie für Fehler Ihrer Frau halten, die positive Seite entdecken können.

Wie Sie an den „negativen" Eigenschaften Ihrer Frau etwas Positives entdecken können

Negativ	Positiv
1. Neugierig	1. Sie ist vielleicht sehr aufmerksam oder gesellig.
2. Empfindlich	2. Sie ist vielleicht sehr sensibel.
3. Manipulierend	3. Sie ist vielleicht sehr schöpferisch und kreativ.
4. Geizig	4. Sie ist vielleicht sehr sparsam.
5. Redselig	5. Sie kann sich vielleicht gut und anschaulich ausdrücken.
6. Flatterhaft	6. Sie ist vielleicht ein sehr begeisterungsfähiger und lebensfroher Mensch.
7. Zu ernst	7. Sie ist vielleicht ein sehr aufrichtiger und gewissenhafter Mensch mit festen Überzeugungen.
8. Anmaßend	8. Sie hat vielleicht feste Überzeugungen, für die sie kompromißlos eintritt.
9. Streng	9. Sie hat vielleicht große Selbstdisziplin und feste Überzeugungen.

10. Arrogant	10. Sie ist vielleicht sehr selbstbewußt.
11. Verträumt	11. Sie ist vielleicht sehr phantasievoll und kreativ.
12. Kleinlich	12. Sie kann vielleicht gut organisieren und ist sehr tüchtig.

Spezifisches Lob ist viel besser als allgemeines Lob. Zum Beispiel bedeutet ein „Das war ein tolles Essen" einer Frau nicht halb so viel wie ein „Der Spargel mit der Muskatsauce war phantastisch. Ich habe noch nie so guten Spargel gegessen. Ich weiß gar nicht, wie du aus gewöhnlichem Gemüse solche Köstlichkeiten zaubern kannst."

„Du bist eine wunderbare Mutter" wird sie lange nicht so freuen wie vielleicht: „Ich bin wirklich dankbar dafür, daß ich eine so sensible Frau geheiratet habe. Du weißt genau, auf welche Weise du unsere Kinder fühlen lassen kannst, wie wichtig sie sind. Sie können von Glück sagen, daß sie so eine sensible Mutter haben."

Es gibt keinen richtigen oder falschen Zeitpunkt für Lob. Ihre Frau wird sich darüber freuen, ob Sie beide allein oder mit den Kindern oder mit Freunden zusammen sind. Achten Sie darauf, daß Sie sie nicht ausschließlich loben, wenn Sie allein sind, und auch nicht nur, wenn andere dabei sind. Wenn Sie sie nur in Gegenwart anderer loben, könnte sie den Verdacht bekommen, daß Sie nur vor Ihren Freunden angeben wollen. Wenn Sie sie dagegen nur loben, wenn Sie mit ihr allein sind, könnte sie möglicherweise denken, daß es Ihnen peinlich ist.

Wenn Sie Ihre Frau loben, ist es wichtig, daß Sie ihr Ihre volle Aufmerksamkeit schenken. Wenn sie spürt, daß Ihre Gedanken oder Ihre Gefühle woanders sind, wird ihr das Lob viel weniger bedeuten.

Wenn Sie lernen, Ihre Frau aufrichtig und regelmäßig zu loben, werden Sie bald ein neues Strahlen in ihren Augen und eine neue Lebendigkeit in Ihrer Beziehung wahrnehmen können.

Wie Sie mit Ihrer Frau über Lob sprechen können

Lernen Sie, die „Quelle anzuzapfen".

Er: Welche Art von Lob macht dir wirklich Freude?

Sie: Ach, ich weiß nicht. Solange es aufrichtig ist, werde ich mich über jedes Lob freuen.

Er: Meinst du, daß ich dich oft genug lobe?

Sie: Ich glaube schon.

Er: Und wie ist es z.B. mit den Mahlzeiten der letzten Woche? Würdest du dich freuen, wenn ich dir öfter sagen würde, wie gut mir dein Essen schmeckt?

Sie: Oh, ja! Ich erinnere mich, daß ich mir letzte Woche mit zwei Mahlzeiten besonders viel Mühe gegeben habe und daß du es überhaupt nicht erwähnt hast…

Jetzt haben Sie den Fluß in Gang gebracht. Wenn Sie noch mehr verkraften können, dann bringen Sie sie weiter zum Reden. Zeigen Sie Ihr *Interesse* und Ihr *Verständnis,*, indem Sie z.B. sagen: „Das muß dich bestimmt verletzen, wenn ich gar nichts sage. Du verdienst einen Orden dafür, daß du es mit mir aushältst."Trösten Sie Ihre Frau und geben Sie ihr die Gelegenheit, sich einige der lange angestauten Gefühle einmal von der Seele zu reden.

Suchen Sie nach dem tieferen Sinn ihrer Worte.

Er: Erinnerst du dich noch an letzte Woche, als ich mich bei dir für das Essen bedankt habe? Habe ich zu dick aufgetragen, als Klaus und Maria da waren?

Sie: Mach dir deshalb keine Gedanken – das ist schon in Ordnung.

Er: Auch daß ich gesagt habe: „Ich bin froh, daß wir Gäste haben, so etwas Gutes hat sie noch nie gekocht"?

Sie: Oh ja, das hat mich verletzt. Es hat so geklungen, als ob ich nur dann etwas Gutes koche, wenn wir Gäste haben.

Er: Ich habe mir schon gedacht, daß dich das gekränkt hat. Wie hätte ich denn besser ausdrücken können, was ich gemeint habe?

Ein Mann muß seiner Frau helfen, so offen und ehrlich wie möglich alles auszusprechen, damit er erkennen kann, wann in der Beziehung etwas nicht stimmt. In den ersten Jahren unserer Ehe habe ich Norma immer wieder gebeten, „nicht um den heißen Brei herumzureden" oder „nicht mit mir Versteck zu spielen". Ich mußte die Fakten wissen, damit ich mein Verhalten ändern und allmählich ein besserer Ehemann werden konnte. Ich hoffe, daß auch Sie Ihre Frau dazu ermutigen werden, so offen und ehrlich wie möglich zu sein, damit Sie eine tiefere und erfülltere Beziehung aufbauen können.

Zum Nachdenken

1. Wie können wir eine positive Grundeinstellung bekommen?
   1. Thess. 5,16-18; Röm. 8,28; Jak. 1,2-3; Hebr. 12, 11+15.
2. Welche Bedeutung hat das Loben in unserer Beziehung zu Gott?
   Ps. 100, 4.

7
Was Frauen an einem Mann am meisten bewundern

„Rüge den Weisen, der wird dich lieben. "
Sprüche 9,8

„Am Montag kündige ich", rief Bernd aufgeregt, als er zur Haustür hereingestürmt kam. Elisabeth begrüßte ihn ruhig und hörte sich den Zornausbruch ihres Mannes an. „Jetzt hat mein Chef es geschafft! Ich werde nicht mehr für ihn arbeiten", sagte er. Elisabeth nahm sich Zeit für Bernd und hörte ihm aufmerksam zu, wie er seinen Ärger aussprach. Als er sich alles von der Seele geredet hatte, half sie ihm, die ganze Angelegenheit zu überdenken. Sie erinnerte ihn daran, daß er nie wieder so ideale Arbeitsbedingungen oder ein so hohes Gehalt bekommen würde. Bald hatte Bernd seine Meinung geändert. Später hat er mir erzählt, das sei die beste Entscheidung seines Lebens gewesen. Heute macht ihm seine Arbeit soviel Spaß wie nie zuvor.

Als Bernd Elisabeths Rat annahm, traf er nicht nur die richtige Entscheidung für seinen Beruf, sondern auch die richtige Entscheidung für seine Ehe. Weil er aufgeschlossen für ihren Rat war, achtete und bewunderte sie ihn um so mehr.

Das Sprichwort, daß man erst Demut lernen muß, um zu Ehren zu kommen, gilt nach wie vor (Spr. 15,33). Und eine noch bedeutungsvollere Wahrheit enthält die Aussage, daß derjenige, der sich gern zurechtweisen läßt, zu Ehren kommen *wird* (Spr. 13,18). Demut ist eine innere Haltung, die sich dadurch zeigt, daß man für die Ideen und Vorschläge anderer Menschen aufgeschlossen ist. Sie ist die Anerkennung der Tatsache, daß wir nicht allwissend sind, daß wir Fehler machen und immer etwas dazulernen können.

Die Unfähigkeit, von anderen einen Rat anzunehmen, kann eine Beziehung zerstören. Lesen Sie, wie Paul erst seine Lektion lernen mußte, ehe er die Korrektur seiner Frau annehmen konnte.

Nora hatte sich zehn Jahre lang bemüht, Paul zu erklären, wie sehr er sie kränkte, aber er konnte es einfach nicht einsehen. Das erste Problem war, daß er seinen Verwandten den Vorzug vor seiner Frau gab. Immer wenn er und Nora mit seiner Familie zusammen waren, erwartete er von ihr, daß sie ihre Pläne denen seiner Verwandten

unterordnete. Was sie geplant hatte, zählte nicht. Noch problemati-
scher wurde die Sache dadurch, daß Paul sich immer auf die Seite
seiner Verwandten stellte und sie in Schutz nahm, wenn es zu Meinungsverschiedenheiten kam.

Dann hatte Paul auch noch die Angewohnheit, mehr Verpflichtungen zu übernehmen, als er erfüllen konnte – hier ein Versprechen
und dort eine Zusage. Oft vergaß er seine Verpflichtungen. Er meinte
es nicht böse, im Gegenteil, er hatte immer die besten Vorsätze. Er
wollte so gern andere Menschen glücklich machen, daß er nie nein
sagen konnte, wenn man ihn um etwas bat.

Jahr für Jahr bot Nora all ihre Phantasie auf, um Paul auf diese
beiden Probleme aufmerksam zu machen, aber nichts schien bei ihm
anzukommen. Während eines besonders problemreichen Besuchs in
ihrer Heimatstadt brach Nora schließlich zusammen und weinte. Sie
zeigte unverhohlen ihre Abneigung gegen seine Verwandten, wor-
aufhin er ihr Vorhaltungen machte und zum Gegenangriff überging.
Sie konnten beide diesen Gefühlsausbruch nicht bewältigen, und so
fuhr Paul den Wagen auf einen Parkplatz. Dort standen sie beinahe
eine Stunde lang, und er bemühte sich, das Problem zu verstehen,
aber er konnte es einfach nicht begreifen.

Als sie dann ihre lange Heimfahrt antraten, versuchten sie noch
einmal, die Sache zu besprechen. Schließlich fand Nora genau die
Worte, die für Paul einen Sinn ergaben.

„Ach so, deshalb magst du meine Verwandten nicht", sagte er.
„Jetzt verstehe ich, warum du nicht mehr in unsere Heimatstadt
zurückziehen willst. Wenn wir mit meiner Familie zusammen sind,
nehme ich immer mehr Rücksicht auf ihre Gefühle als auf deine. Du
fühlst dich zweitrangig. Das sehe ich jetzt ein." Nora war begeistert.
Das eine Problem war gelöst, nun blieb noch das andere.

Aber für sein zweites Problem war Paul weiterhin so blind, wie er
es für das erste gewesen war. Obwohl Nora versuchte, es ihm zu
sagen, mußte er erst eine sehr schmerzliche Erfahrung machen und
von seinen Freunden darauf hingewiesen werden. Sechs seiner
Freunde vereinbarten ein Treffen mit Paul, um mit ihm über seine
vielen Versprechen und die sich daraus ergebenden Probleme zu sprechen. Sie alle hatten darunter gelitten, daß er Versprechen nicht eingehalten hatte. Sie sagten Paul klipp und klar, aber in Liebe, daß
seine Unfähigkeit, nein zu sagen, daran schuld war, daß sie sich über

ihn ärgerten. Paul belastete die Freundschaft zu jedem einzelnen von ihnen. Nach dem zweistündigen Gespräch war er sehr verlegen und gedemütigt, und er dachte: „Warum habe ich nur nicht auf Nora gehört?"

Seine Frau stellte erleichtert fest, daß er nun endlich sein zweites großes Problem erkannt hatte. Ihre Achtung für ihn wuchs automatisch, weil er bereit war, sich zu ändern, sobald er seine Fehler eingesehen hatte. Er wollte bereitwillig die nötige Zeit und Mühe aufwenden und lernen, wie er Nora (und andere Menschen) wirklich lieben konnte.

Wir wollen uns einige Ziele setzen: Wir wollen als Ehemänner weise sein und Korrektur gern annehmen (Spr. 9, 8-9). Wir wollen aus jedem Kapitel dieses Buches unsere Lektion lernen, so schmerzlich oder schwierig das auch für uns sein mag, und schließlich wollen wir uns mit unserem neuerworbenen Wissen der Aufgabe widmen, an einer Verbesserung unserer Ehe zu arbeiten. Eine glückliche Ehe fällt einem nicht in den Schoß. Man muß sich ernsthaft darum bemühen und Schritte in die richtige Richtung unternehmen. Wenn Sie die allgemeinen Grundsätze eines jeden Kapitels nacheinander in die Praxis umsetzen, können die schwerwiegenden Probleme, zu denen es in einer Ehe kommen kann, *gelöst* oder *vermieden* werden.

Manche von uns wußten bei der Hochzeit äußerst wenig darüber, wie man eine erfüllte Beziehung aufbauen kann. Aber noch ist nicht alles zu spät. Wir *können es lernen,* wenn unsere Frau uns mit viel Geduld den richtigen Weg zeigt. Zuerst muß man eine ehrliche Bestandsaufnahme machen, um festzustellen, wie weit man in seiner Ehe ist. Man muß auch zugeben können, daß unter Umständen noch ein langer Weg vor einem liegt. Ihre Frau kann Ihnen gewiß bei dieser Bestandsaufnahme helfen und Ihnen mögliche Verbesserungen vorschlagen.

Wie würden Sie die „ideale Ehefrau" beschreiben?

Können Sie sich vorstellen, wie begeistert Sie wären, wenn Ihre Frau auf die Idee käme, Sie zu fragen: „Was muß ich tun, um eine bessere Ehefrau zu werden?" Wären Sie nicht überwältigt? Natürlich ist es in den meisten Ehen ziemlich abwegig, eine solche Frage zu erwarten. Aber lehnen Sie sich einmal für einen Augenblick zurück, schließen Sie die Augen und stellen Sie sich vor, Ihre Frau würde Sie das fragen. Wäre das nicht großartig? Wenn Sie sich dies von Ihrer Frau wünschen, gehen Sie ihr doch mit gutem Beispiel voran und lernen Sie, ein besserer Ehemann zu werden. Fragen Sie Ihre Frau, was Sie dazu tun müssen. Damit geben Sie ihr neue Hoffnung, daß die Ehe doch noch so werden kann, wie sie es sich immer gewünscht hat. Wenn sie merkt, daß Sie es ernst meinen, wird sie letztlich viel mehr auf Ihre Wünsche und Bedürfnisse eingehen.

Wollen Sie zu den Männern gehören, über die sich Frauen am meisten beklagen? Alles, was Sie dazu brauchen, ist eine arrogante, besserwisserische Haltung und die Weigerung, Fehler einzugestehen. Durch fünf Worte wurde eine Frau so abgestoßen, daß sie sagte: „Das macht mich ganz krank, und ich frage mich: ‚Warum habe ich nur diesen Mann geheiratet? In was für Schwierigkeiten habe ich mich dadurch gebracht!'" Welche fünf Worte waren das? „Ich werde mich niemals ändern!" Nach der Bibel ist dies eine sehr törichte Äußerung (Spr. 12,15; 18,2). „Ich werde mich niemals ändern", wiederholte ihr Mann, „also versuche es nicht, und sag mir nicht, in welchen Punkten ich mich ändern soll. Wenn du eine Änderung für so wichtig hältst, warum änderst *du* dich dann nicht und läßt mich in Ruhe? Die Änderung, die unsere Ehe am dringendsten braucht, ist, daß du endlich den Mund hältst!"

Von Frauen höre ich immer wieder, daß sie einen Mann achten und bewundern, wenn er seine Fehler zugeben kann, und ganz besonders dann, wenn er seine Frau offen fragt, was er tun kann, um sich zu ändern. Ich glaube, ein Mann muß sich selbst motivieren und sich dafür interessieren, wie er nach Meinung seiner Frau ein besserer Ehemann werden kann (Spr. 9,9). Wenn er sie um Rat gefragt hat, sollte er die folgenden Punkte beachten.

Achten Sie darauf, was sie wirklich meint

Versuchen Sie zunächst zu verstehen, was Ihre Frau wirklich meint. Ein Streit um Worte kann leichter vermieden werden, wenn Sie sich aktiv darum bemühen, den tieferen Sinn ihrer Worte zu erfassen. Haben Sie schon einmal zu Ihrer Frau gesagt: „Das stimmt nicht. Ich tue das nicht *immer*. Glaubst du nicht, du übertreibst?" Mit „immer" meinte sie wahrscheinlich nicht „jedesmal, ohne Ausnahme". Sie wollte dadurch einfach einer Sache besonderen Nachdruck verleihen. Der *kluge* Ehemann nimmt keinen Anstoß an diesem Wort und sagt: „Sag mir, was du jetzt empfindest. Sag mir, was dich dazu gebracht hat, das zu sagen. Erkläre mir, warum du das Wort „immer" benutzt hast." Versichern Sie ihr, daß sie es nicht auf der Stelle in allen Einzelheiten erklären muß. Fragen Sie sie, ob sie vielleicht ein oder zwei Tage darüber nachdenken möchte. Wer wirklich etwas lernen will, stellt keine Forderungen an den anderen und zwingt ihn nicht ungeduldig dazu, den eigenen Wünschen sofort nachzukommen. Er läßt dem anderen Zeit, seine Wort zu überdenken und nach anderen Ausdrucksmöglichkeiten zu suchen.

Viele Männer wollten die Korrektur ihrer Frau nicht annehmen, weil sie an ihrer Wortwahl Anstoß nahmen. Worte haben keine andere Bedeutung als die, die wir in sie hineinlegen. Wenn wir mit unserer Frau sprechen, müssen wir verstehen, was sie *wirklich* sagen will.

Den Ton der Stimme und sein Gesichtsausdruck verraten deutlich, ob ein Mann ernsthaft bereit ist, zu lernen. Seine Frau wird nicht so aufrichtig sein können, wenn sie spürt, daß es ihm nicht ganz ernst damit ist, etwas zu lernen und sich zu ändern.

In Kapitel 10 finden Sie noch mehr zum Thema Kommunikation. An dieser Stelle wollen wir deshalb nur soviel festhalten: Reagieren Sie nicht auf die Worte, die Ihre Frau verwendet, sondern versuchen Sie, dahinter den eigentlichen Sinn und Zweck zu erkennen.

Lassen Sie ihre Worte auf sich wirken

Lassen Sie die Ratschläge Ihrer Frau einfach eine Zeitlang auf sich wirken. Reagieren Sie erst darauf, wenn Sie genau verstanden haben, was sie gesagt hat. Jahrelang wies Norma mich darauf hin, daß ich die Stirn runzelte, wenn ich den Kindern bestimmte Dinge sagte. („Die Kinder glauben, du seist böse auf sie, und du würdest sie ablehnen. Dein Stirnrunzeln erschreckt sie"), erklärte Norma. „Ich runzle nicht die Stirn, und ich bin nicht böse", lautete meine Antwort. Aber nachdem ich mir einmal die Zeit genommen hatte, in den Spiegel zu schauen, sagte ich: „Du hast recht. Ich muß etwas dagegen tun. Ich bin dir sehr dankbar, daß du es mir gesagt hast."

Legen Sie sich selbst Rechenschaft über Ihre Fehler ab

Als meine Kinder noch klein waren, hatte ich die Angewohnheit, ihnen Kopfnüsse zu geben, wenn sie sich nicht ordentlich benahmen. Wenn eines von ihnen beim Kauen den Mund nicht geschlossen hielt, gab ich ihm eine Kopfnuß und sagte: „Gewöhn dir das ab!" Norma hat mir die Augen dafür geöffnet, wie sehr die Kinder dadurch verletzt und gedemütigt wurden. Es war wirklich eine demütigende Behandlung! Außerdem muß es auch wehgetan haben. Sogar mir taten die Finger weh.

Im tiefsten Herzen wußte ich, daß ich nicht richtig handelte. Manchmal, wenn ich es gerade wieder getan hatte, fragte Norma: „Karin, wie fühlst du dich?"

Karin antwortete dann: „Ich fühle mich immer ganz schlecht, wenn Vati das tut."

Schließlich fand ich einen Weg, mir das abzugewöhnen. Ich sagte zu jedem der Kinder: „Wenn ich dir aus Wut oder Gereiztheit eine Kopfnuß gebe, kriegst du einen Dollar."

(Ich dachte mir, das könnte funktionieren, weil ich nicht gern Geld hergebe.) Meine Kinder sind so aufmerksam, daß sie mich bestimmt immer sofort an mein Versprechen erinnern würden. Und jetzt ist es schon lange her, daß ich eines von ihnen so behandelt habe.

Am Ende kann man manchmal sogar zusammen über die Dinge lachen, die früher einmal ein Problem darstellten. Als mein Sohn Greg eines Tages nach Hause kam, aß er einen verlockend aussehenden Schokoladenriegel, den er sich gerade gekauft hatte. Ich sagte: „Laß mich mal beißen." Es schmeckte wirklich gut. Dann kamen Karin und Michael und wollten auch einmal abbeißen. Bald wünschte sich Greg, er hätte seine Schokolade lieber in aller Heimlichkeit verzehrt. Der kleine Michael hielt Greg nicht für allzu großzügig im Austeilen, und so beschloß er, sich selbst so einen Riegel zu kaufen. Er erkundigte sich bei Greg nach dem Geschäft und dem Preis. Dann sagte er mit einem sehnsüchtigen Blick: „Vati, würdest du mir bitte eine Kopfnuß geben. Ich brauche einen Dollar."

Bitten Sie um Vergebung

Wie schon gesagt, eine Frau läßt sich nicht gern freiwillig verletzen. Wenn Sie Ihre Frau in der Vergangenheit gekränkt haben, wird sie sich nicht gerade darum reißen, Ihnen einen Rat zu geben oder Sie zu korrigieren. Bitten Sie sie um Vergebung, damit wieder eine ungehinderte Kommunikation möglich wird. Wenn Sie bereit sind, Fehler zuzugeben, wird sie Sie dafür um so mehr bewundern und achten. Da Kapitel 5 näher auf die Frage der Vergebung eingeht, sollten Sie es von Zeit zu Zeit wieder lesen, wenn Ihnen dieser Punkt noch Mühe bereitet.

Nehmen Sie ihren Rat dankbar an

Welch eine Belohnung wartet auf einen dankbaren Mann – seine Frau wird weniger nörgeln, ihn mehr bewundern und sanftmütiger sein. Wenn ein Mann aufrichtige Dankbarkeit für die Korrektur seiner Frau zeigt, wird sie ihn das nächste Mal sanfter korrigieren können. Wenn man einen dankbaren Zuhörer hat, braucht man nicht zu nörgeln. Eine Frau bewundert ihren Mann noch mehr, wenn er bereit ist, ihr für ihren Rat oder ihre Korrektur zu danken. (Die einzige Ausnahme ist in dem Fall gegeben, wenn eine Frau von ihrem Mann *tief* verletzt wurde. Dann muß er ihr Zeit lassen und Geduld haben, ehe sie mit Bewunderung und Sanftmut reagieren kann. Geben Sie den Versuch nicht auf, wenn Sie schon so nahe am Ziel angekommen sind.)

Suchen Sie immer die tiefere Bedeutung hinter dem, was Ihre Frau sagt, lassen Sie es auf sich wirken, und korrigieren Sie dann Ihr früheres Fehlverhalten. Wenn Sie ihr immer wieder für ihre Hilfe danken, werden Sie feststellen, wie Ihre Beziehung mit der Zeit immer gefestigter wird.

Obwohl es in der folgenden Geschichte um eine Vater-Sohn-Beziehung geht, läßt sich dieses Beispiel auch auf die Beziehung zwischen Mann und Frau anwenden. In den entscheidenden Jahren von Bernhards Kindheit und Jugend handelte sein Vater in vielerlei Hinsicht

sicht verantwortungslos. Er strafte Bernhard mit Tritten, Spott, Schimpfen und Schlägen. Das Ergebnis war, daß Bernhard sich seelisch total von seinem Vater zurückzog. Er zog von zu Hause aus. Als ich seinem Vater erklärte, wie sehr er seinen Sohn in der Vergangenheit gedemütigt hatte, wurde ihm klar, daß er nicht nur die Beziehung zwischen ihnen beiden, sondern vielleicht auch alle künftigen Beziehungen seines Sohnes schwer belastet hatte.

Weil er Bernhard wirklich wieder ganz zurückgewinnen wollte, verabredete er sich mit ihm. Es kostete ihn viel Mut, aber er gab seinem Sohn gegenüber zu, daß er falsch gehandelt hatte. Er sagte, es täte ihm leid, daß er nicht der Vater gewesen war, der er hätte sein sollen. Während seines Bekenntnisses erwähnte er all die schmerzlichen Erlebnisse, an die er sich erinnern konnte.

Sein Sohn hatte diese besonderen Zwischenfälle ebenfalls nicht vergessen. „Aber das waren noch nicht alle!" In den folgenden Minuten rief er seinem Vater all die anderen Dinge, mit denen er ihn verletzt hatte, ins Gedächtnis. Bernhards Vater staunte darüber, daß sein Sohn sich an alles noch so lebhaft erinnern konnte. Sie machten reinen Tisch. Und zum ersten Mal umarmte er seinen Vater.

Wenn Sie Ihre Frau kränken, zieht sie sich geistig, seelisch und körperlich zurück. Aber Sie können lernen, sie wieder zu sich zu ziehen. Schon Ihre Bereitschaft, zu lernen, wird Ihre Frau dazu ermutigen, auf Sie besser einzugehen, da sie durch das Wissen, daß Sie sich wirklich ändern wollen, größere Sicherheit bekommen wird.

Zum Nachdenken

1. Wie kann ein Mann klug werden und seine Frau mehr lieben? Sprüche 9, 8-9.
2. Was hat es für Folgen, wenn wir auf Gottes Zurechtweisung hören? Welche Konsequenzen hat es, wenn wir nicht darauf hören? Sprüche 1, 22-33.

8
Wenn Sie Ihrer Frau keine Geborgenheit geben, werden Sie selbst das Nachsehen haben

„Denn niemand hat jemals sein eigen Fleisch gehaßt, sondern er nährt es und <u>pflegt</u> es, gleichwie auch Christus die Gemeinde."
Eph. 5,29

Daniel und Paula waren seit mehr als zwanzig Jahren verheiratet, als er mich eines Tages völlig verzweifelt anrief.

„Paula verläßt mich wegen eines anderen Mannes", sagte er. Er war am Boden zerstört und konnte es einfach nicht fassen. „Können Sie mir helfen?"

Als wir uns dann zu einem Gespräch trafen, trat Daniels Hauptproblem zu Tage. Warum er seine Frau verlor, läßt sich gut am Beispiel seines Hobbies verdeutlichen.

Daniel war ein begeisterter, gewissenhafter und erfahrener Gärtner. Üppige Blumenbeete umsäumten seinen gepflegten Garten. Sorgfältig zurechtgestutzte Bäume boten den empfindlichen Pflanzen Schutz vor der heißen Sommersonne. Daniel wußte, wo er jede Blumenart pflanzen mußte, damit sie genau das richtige Maß an Sonnenschein und den richtigen Boden hatte. Da jede Pflanze ihre besondere Pflege brauchte, hatte sich Daniel die Zeit genommen, genau herauszufinden, wieviel Dünger und wieviel andere Nährstoffe die einzelnen Arten benötigen. Das Ergebnis war überwältigend. Doch während sein Garten eine wahre Pracht war, verwelkte seine Ehe immer mehr, da er ihr nicht genügend Aufmerksamkeit schenkte. Für seine Arbeit und seine sonstigen Aktivitäten brachte er ebensoviel Begeisterung wie für seinen Garten auf; für Paula blieb da sehr wenig Zeit übrig.

Daniel hatte nicht die leiseste Ahnung, was Paula wirklich brauchte. Er wußte sehr wenig darüber, wie er sie vor der „sengenden Sonne und dem stürmischen Wind" schützen konnte. Nicht nur daß er ihr keine Geborgenheit gab, er überzeugte sie auch durch logische Argumente davon, daß sie die verschiedenen Haushaltspflichten bewältigen müsse, von denen sie sagte, sie könne nicht damit fertig werden. In den zwanzig Jahren ihrer Ehe hatte Daniel ihre unzähligen flehentlichen Bitten, sie zärtlich zu beschützen, einfach überhört.

Neben ihrer Ganztagsstelle mußte Paula sich noch um die finanziellen Angelegenheiten, die Mahlzeiten, den Hausputz und die Erziehung der Kinder kümmern. Viele Krisen mußte sie allein durchstehen, während Daniel beim Angeln, auf der Jagd oder in seinem Garten war. Er erkannte nicht, daß Paula einen starken und zärtlichen Ehemann brauchte, der sie in Streßsituationen unterstützte und der ihr einiges von der „Schmutzarbeit" abnehmen konnte (so eine Hilfe brauchen wir doch alle manchmal). Sie wollte als Person mit den ganz speziellen Grenzen ihrer körperlichen Belastbarkeit angenommen und geliebt sein. Als Daniel sie immer wieder im Stich ließ, sah sie sich woanders um.

Wenn ein Mann nicht erkennt, wo die Grenzen seiner Frau liegen, oder sie einfach als Faulheit abtut, können sich daraus zahlreiche Mißverständnisse ergeben. Eine Frau mit mehreren kleinen Kindern z.B. kann um 5 Uhr nachmittags körperlich und geistig völlig erschöpft sein. Wenn ihr Mann das nicht erkennt, kann er es ihr leicht übelnehmen, wenn sie um 10 oder 11 Uhr kein Interesse mehr an sexuellen Beziehungen hat, weil sie wirklich zu müde ist, um überhaupt nur an ein romantisches Zusammensein mit ihm zu denken.

Manche Männer meinen, ihre Frau würde es ausnutzen, wenn sie zärtlich, liebevoll und großzügig sind. Karl wollte herausfinden, ob seine Frau ihn ausnützen würde, und war bereit, sich das einiges kosten zu lassen. An ihrem Geburtstag fuhr er mit seiner Frau in ein Einkaufszentrum. Er sagte ihr, er wolle ihr dabei helfen, einige Kleider auszusuchen, aber er erwähnte mit keinem Wort, wieviel Geld sie ausgeben konnte. Als sie nach zwei Stunden in zehn Geschäften gewesen waren, taten ihm die Füße weh, und er fragte sich schon, ob dieses Geburtstagsgeschenk wirklich eine gute Idee gewesen war.

„Maria, wie gefällt dir dieses Kleid? Es würde dir sicher stehen."
„Nein, es gefällt mir nicht."
Schließlich betraten sie eine Boutique, wo Maria eine Kombination bestehend aus Rock, Jacke, Bluse und passendem Hosenanzug fand, die ihr so gut gefiel, daß sie sie kaufen wollte. Obwohl schon eine ganz hübsche Summe zusammengekommen war, sagte Karl: „Maria, sieh mal hier. Dieses Kleid ist ein Sonderangebot." (Eine Warnung an dieser Stelle: Eine Frau kann leicht verletzt sein, wenn ihr Mann ihre Einkäufe auf reduzierte Ware *einschränkt*.)

Das Kleid gefiel Maria, und sie probierte es an. Karl fragte: „Warum nimmst du es nicht?"

„Karl, ich sollte wirklich nicht noch mehr Geld ausgeben."

„Nein, nein, nimm es nur", antwortete er. „Es gefällt mir. Oh, Maria, was hältst du denn von diesem Kleid?"

„Das wird jetzt aber entschieden zu viel", protestierte Maria. Doch als Karl darauf bestand, probierte sie das Kleid an. An diesem Punkt begann Karl sich zu fragen, ob sie wohl jedes Kleid kaufen würde, das er ihr vorschlug.

„Dies hier gefällt mir noch, Maria."

„Karl, ich kann nicht noch ein Kleid kaufen", sagte sie. „Das ist doch absurd. Wir können uns das gar nicht alles leisten."

„Was macht das schon?" fragte er. „Du bist wichtiger als Geld, und selbst wenn ich Überstunden machen müßte, täte ich es gern." Er redete ihr zu, das Kleid zu kaufen.

Sie erwiderte: „Das ist mir peinlich. Ich kann kein Kleid mehr kaufen. Laß uns die anderen Sachen bezahlen und dann essen gehen."

„Komm schon, Maria. Würdest du nur noch dieses eine kaufen, mir zuliebe? Ich möchte einfach, daß dies ein ganz besonderer Tag für dich ist!"

„Karl, das geht wirklich nicht", sagte sie.

„Gut, dann wollen wir bezahlen. Ich möchte, daß du glücklich und zufrieden bist."

Erst geraume Zeit später gab Karl zu, daß er einfach den Beweis dafür haben wollte, daß eine Frau es nicht ausnützt, wenn man sie gut behandelt. Er lobte sie für ihre Sparsamkeit und Umsicht und war stolz auf sie, weil sie bereit war, ihren Teil zu der finanziellen Sicherheit, an der ihnen beiden viel gelegen war, beizutragen.

Nun macht er sich keine Sorgen mehr darüber, daß Maria zuviel Geld ausgeben könnte, weil er weiß, daß sie auf die Preise achten und gut einkaufen wird. Diese Erfahrung hat ihn auch davon überzeugt, daß Maria ihn in anderen Bereichen ihres Lebens nicht ausnützen wird.

Wenn Sie bisher eher knauserig waren oder Ihre Frau für ihren Umgang mit Geld kritisiert haben, oder wenn Ihre Beziehung nicht so stabil ist, wie sie sein sollte, rate ich Ihnen, dieses Experiment *nicht* durchzuführen, solange Ihre Ehe nicht besser geworden ist. Aber wenn Ihre Ehe stabil ist, und Sie und Ihre Frau nicht gerade einen größeren Konflikt zu bewältigen haben, sollten Sie dieses Experiment ruhig einmal wagen. Dann können Sie für sich selbst den Beweis erbringen, daß Ihre Frau es nicht ausnützen wird, wenn Sie ihr mit Zärtlichkeit und echter Liebe begegnen.

Wenn in der Bibel davon die Rede ist, daß ein Mann seine Frau „pflegen" soll (Eph. 5, 29), bedeutet das im Grunde, daß er ihr Geborgenheit geben soll, besonders in den Bereichen, die für sie eine körperliche oder seelische Belastung darstellen.

Drei Möglichkeiten, wie Sie Ihrer Frau Geborgenheit schenken und ihr zu größerer persönlicher Erfüllung verhelfen können

1. Finden Sie heraus, in welchen Bereichen Ihre Frau Schutz braucht.

Zunächst muß ein Mann in Erfahrung bringen, in welchen Bereichen sich seine Frau verwundbar fühlt. Durch zwanglose Gespräche und durch Beobachtung können Sie all die größeren und kleineren Dinge entdecken, die Ihre Frau frustrieren oder ihr Angst machen. Für meine Frau ist das Autofahren ein wunder Punkt. Da sie in einen schweren Autounfall verwickelt war, in dem einige gute Freunde ums Leben kamen, ist sie natürlich sehr wachsam, was mögliche Gefahren betrifft, ob sie nun selbst am Steuer sitzt oder nur Beifahrer ist. Für sie wäre es nur frustrierend, wenn ich ihr nicht die Freiheit ließe, vorsichtig zu sein, da ich ihre Erfahrungen kenne. Sie fühlt sich auch unsicher, wenn sie im Winter lange Strecken allein fahren muß, weil sie Angst vor einer Autopanne hat. Als wir in Chicago wohnten, hatte sie zweimal eine Panne und war auf die Hilfe anderer Autofahrer angewiesen. Sie und die Kinder hätten möglicherweise verletzt oder auch angegriffen werden können. Da ich diese Angst kenne, verlange ich nicht mehr von ihr, lange Strecken allein zu fahren.

Wissen Sie, wo die Grenzen ihrer körperlichen Kraft liegen?

Häufig geht ein Mann zu grob mit seiner Frau um. Er ist sich der Tatsache nicht bewußt, daß sie es aufgrund ihrer begrenzten Körperkraft nicht mag, wenn man unsanft mit ihr umgeht, selbst wenn es nur im Spiel geschieht.

Eine Frau erzählte mir, daß ihr Mann gerne zum Spaß mit ihr raufte, aber nicht erkannte, wie sehr er sie dabei schon verletzt hatte. Er hat ihr nie absichtlich wehgetan, aber sie entdeckte häufig blaue Flecken auf den Armen und dem Körper, nachdem sie auf dem Teppich gerauft hatten. Auch auf andere Art und Weise behandelte er sie unsanft.

An einem Abend waren sie einkaufen, und sie schlenderte noch ein wenig durch die Bücherabteilung. Ihr Mann wartete auf dem Parkplatz auf sie und hatte eine Tüte mit Hundefutter und verschiedene andere Einkäufe in der Hand. Als sie ihn eingeholt hatte, sagte er: „Kein Wunder, daß du dich nicht beeilt hast. Du mußt ja nicht die ganzen Einkäufe tragen."

„Schon gut, ich helfe dir", antwortete sie. Im Scherz warf er ihr die Tüte mit Hundefutter zu, die sie mit voller Wucht in den Magen traf, so daß sie nach Atem ringen mußte. Die Heimfahrt verlief schweigsam. Als sie vor ihrem Haus vorfuhren, sagte er: „Ich war nicht deshalb so still, weil ich mit dir böse war. Ich war mit mir selbst böse, weil ich dir schon wieder wehgetan habe." Er wollte sich bemühen, sein Verhalten zu ändern, weil er erkannte, daß sie eine zärtlichere und behutsamere Behandlung brauchte.

Steht Ihre Frau im finanziellen Bereich unter Druck?

Ein Mann muß seine Frau auch vor unnötigen finanziellen Belastungen schützen. Viele Frauen stehen unter übermäßigem Druck, weil ihr Mann in finanziellen Dingen verantwortungslos handelt. Um zu große Geldausgaben wieder wettzumachen, zwingt ein Mann möglicherweise seine Frau, arbeiten zu gehen, während sie viel lieber bei den Kindern zu Hause bliebe. Tatsächlich verlangen viele Männer das von ihrer Frau, weil sie der Ansicht sind, „sie soll auch ihren Teil beitragen."

Wenn eine Frau den ganzen Tag zu Hause bleibt, erwartet ihr Mann vielleicht von ihr, daß sie sich um Rechnungen und alle Geldangelegenheiten der Familie kümmern soll, weil er sich fragt, was sie denn eigentlich den ganzen Tag über tue. Er mag denken: „Ich arbeite jeden Tag acht Stunden. Das mindeste, was sie tun kann, ist, die Rechnungen zu bezahlen."

Wenn es nur um Buchführung ginge, wäre die ganze Sache kein Problem. Aber wenn es darum geht, sich um Mahnungen zu kümmern, mit Zahlen zu jonglieren, und die Rechnung dabei nicht aufgeht; wachsendem Druck ausgesetzt zu sein, weil das Geld nicht reicht; zu entscheiden, welche Rechnung zuerst bezahlt werden soll; und ungeduldige Geschäftsleute per Telefon zu besänftigen, dann *kann* die physische und psychische Belastung für manche Frauen einfach zu viel werden. Das Problem wird noch vergrößert, wenn der Mann für sein eigenes Vergnügen anscheinend das Geld zum Fenster hinauswirft.

In den ersten Jahren unserer Ehe beging ich diesen Fehler. Norma arbeitete bei einer Bank, und ich kam zu dem logischen Schluß, daß jemand, der bei einer Bank arbeitet, sich ja auch zu Hause ums Geld kümmern könnte. Da finanzielle Dinge meine schwache Seite waren, fragte ich Norma, ob sie nicht die Verantwortung dafür übernehmen könnte, was sie dann auch freundlicherweise vier oder fünf Jahre lang tat. Aber eines Tages kam sie weinend zu mir, legte mir Haushaltsbuch, Scheckbuch und alle Rechnungen in den Schoß und sagte, sie könne damit nicht mehr fertig werden. Wir hatten nämlich jeder ein eigenes Scheckbuch, aber nur ein gemeinsames Konto. Wenn ich einen Scheck ausschrieb, hoffte ich immer, daß genug Geld auf dem Konto sein würde. Für meine Frau war das eine ungeheure Belastung. Heute bin ich sehr dankbar dafür, daß sie mir die Verwaltung unserer Finanzen übertragen hat, weil ich dadurch gezwungen wurde, verantwortungsbewußter für das finanzielle Wohlergehen unserer Familie zu sorgen.

Erwarten Sie von Ihrer Frau, daß sie alle Mahlzeiten kocht?

Wieviele Männer behandeln ihre Frau, als wäre sie ein Gebrauchsgegenstand. Sie sprechen es zwar nicht aus, aber innerlich sind sie doch davon überzeugt, daß die Frau in der Küche bleiben, kochen oder saubermachen soll, während sie Golf spielen, zur Jagd gehen oder fernsehen. Ist Ihnen bei Einladungen schon einmal aufgefallen, daß es meistens die Frauen sind, die in der Küche arbeiten, während die Männer es sich bequem machen?

Mädchen werden dazu erzogen, darauf zu achten, was ein männliches Familienmitglied vielleicht gerade brauchen könnte. Eine

Mutter sagt beispielsweise zu ihrer Tochter: „Frag Vater, ob er eine Tasse Tee haben möchte." Aber wir erleben selten, daß einem Jungen dasselbe aufgetragen wird.

Mit dieser Rollenerwartung hatte ich am Anfang unserer Ehe so meine Probleme: Das Kochen war Normas Aufgabe, während es meine Aufgabe war, mich um das Auto zu kümmern. Aber schließlich sah ich ein, daß es völlig in Ordnung ist, wenn ich koche oder saubermache, besonders wenn Norma sich einmal ausruhen oder allein sein wollte. Die Männer müssen ihre traditionelle Rolle überdenken und so handeln, wie es am besten der echten Liebe und der Verpflichtung ihrer Frau gegenüber entspricht.

Denken Sie erst einmal darüber nach, wo die Grenzen Ihrer Frau liegen, ehe Sie von ihr erwarten, noch *extra* Pflichten zu übernehmen. Wenn Sie das tun, ersparen Sie sich zusätzliche Spannungen in Ihrer Beziehung und Sie geben Ihrer Frau in allen Bereichen ihres Lebens – geistig, geistlich, emotional und physisch – den Schutz, den sie braucht.

Muß sich Ihre Frau einmal ausruhen?

Wie kommt es nur, daß einige Männer meinen, ihre Frau brauche viel weniger Schlaf als sie selbst? Während der Mann noch schläft, macht seine Frau das Frühstück und versorgt die Kinder. Das gilt besonders dann, wenn die Kinder noch im Säuglingsalter sind. Wenn, während der ersten Jahre unserer Ehe, die Kinder nachts weinten, erwartete ich wie selbstverständlich von Norma, daß sie aufstand und sich um sie kümmerte. Und das tat sie auch. Ich fühlte mich nie dazu veranlaßt, aufzustehen und nach den Kindern zu sehen. Seien Sie zartfühlend und achten Sie auf die körperlichen Bedürfnisse Ihrer Frau. Übernehmen Sie die Verantwortung dafür, alles Erforderliche zu tun, damit Ihre Frau ihre nötige Ruhe bekommt.

Muß sie sich immer allein um die Kinder kümmern?

Meine Frau hat mir schon oft gesagt, wie viel es ihr bedeutet, wenn ich mich abends nach der Arbeit um die Kinder kümmere. Sie kann dann ungestört das Abendessen vorbereiten, ohne daß die Kinder ihr ständig in die Quere kommen. Sie ist auch sehr dankbar, wenn sie einmal allein sein kann. Sie hat es gern, wenn ich mit den Kindern zum Spielen nach draußen gehe, ihnen in einem anderen Zimmer etwas vorlese oder mich mit ihnen über etwas unterhalte, das sie mit mir besprechen möchten. Nach dem Essen räumen die Kinder und ich oft den Tisch ab und spülen das Geschirr, damit Norma etwas freie Zeit hat. Heute ärgere ich mich nicht mehr wie früher darüber, daß sie meine Hilfe braucht, sondern ich freue mich darauf, ihr, so oft ich kann, zu helfen.

Rücksichtnahme und Phantasie sind viel mehr wert als die Zeit oder Mühe, die sie kosten. Dadurch können Sie Ihre Ehe stärken und die Stimmung Ihrer Frau heben.

Eines Abends machte Bernd Anne eine große Freude, als er sie bat, sie möge ihm das Kochen, das Tischdecken und das Füttern der Kindern überlassen. Er sagte, er würde ihr ein Geschenk geben, wenn sie ihn all diese Dinge machen ließe – eine Flasche Badeöl. Während Sie gemütlich ein Bad nahm, übernahm er die Haushaltspflichten. Es war nur ein kleines Geschenk; Bernd mußte nur ein wenig von seiner Zeit opfern. Aber für Anne drückte er damit aus, daß sie ihm so viel bedeutete, daß er ihr etwas von sich selbst geben wollte.

Ist Ihre Frau durch einen Umzug zusätzlich belastet?

Ein Umzug in eine andere Stadt ist für eine Frau eine große Sache. Ihr Mann muß dann einen besonderen Blick für ihre Grenzen haben. Oft ist die seelische Belastbarkeit einer Frau durch die alltäglichen Routineaufgaben schon erschöpft. Es liegt auf der Hand, daß sie durch einen Umzug noch mehr belastet wird, selbst wenn sie ihn befürwortet.

Wodurch wird sie am meisten belastet?

Ein Mann muß sich darüber im klaren sein, wieviel Streß seine Frau Tag für Tag bewältigen muß. Um Ihrer Frau in ihren Streßsituationen helfen zu können, müssen Sie zuerst erkennen, welche Dinge sie am meisten belasten. Als Hilfe dazu haben wir eine Liste eines Streßtests in dieses Buch aufgenommen, in der die Dinge nach dem Maß an Streß, das sie verursachen, geordnet sind. Je weiter oben auf der Liste sie stehen, desto mehr Streß verursachen sie. Gehen Sie die

Liste durch und stellen Sie fest, unter wieviel Streß Sie und Ihre Frau im Augenblick stehen.

Wenn Sie eine Punktzahl von 150 oder weniger haben, beträgt die Wahrscheinlichkeit, daß Sie in den nächsten zwei Jahren ins Krankenhaus müssen, 33 %. Wenn Sie 150-300 Punkte haben, liegt diese Wahrscheinlichkeit bei 51 %; und bei 300 und mehr Punkten schließlich bei 80 %. Bemühen Sie sich, Ihre Frau in all den Bereichen, in denen sie ängstlich oder verwundbar ist, zu beschützen. Das ist die erste Möglichkeit, ihr zu zeigen, wie sehr Sie sich „sorgen" wollen.

Streßtest

Welche dieser Dinge haben Sie im Laufe der vergangenen zwölf Monate erlebt?

Ereignis	Punkte
Tod des Ehepartners	100
Scheidung	73
Trennung vom Ehepartner	65
Gefängnisstrafe	63
Tod eines nahen Familienangehörigen	63
Unfall oder Krankheit	53
Eheschließung	50
Entlassung	47
Aussöhnung mit dem Ehepartner	45
Eintritt in den Ruhestand	45
Veränderung im Gesundheitszustand eines Familienmitglieds	44
Schwangerschaft	40
Sexuelle Probleme	39
Familienzuwachs	39
Geschäftliche Umstrukturierung	39
Veränderung des finanziellen Status	38
Tod eines guten Freundes	37
Zahlenmäßige Veränderung der ehelichen Auseinandersetzungen	35
Hypothek- oder Kreditaufnahme über 30 000 Mark	31

Fälligkeit der Hypothek oder des Kredits	30
Berufliche Veränderungen	29
Sohn/Tochter verläßt das Elternhaus	29
Schwierigkeiten mit Verwandten des Ehepartners	29
Außergewöhnlicher persönlicher Erfolg	28
Neue Arbeitsstelle des Ehepartners	26
Anfang oder Ende einer Ausbildung	26
Änderung der Lebensbedingungen	25
Umstellung persönlicher Gewohnheiten	24
Schwierigkeiten mit dem Vorgesetzten	23
Änderung der Arbeitszeit oder der Arbeitsbedingungen	20
Umzug	20
Veränderungen in der Ausbildung	20
Veränderung im Freizeitverhalten	19
Veränderung der kirchlichen Aktivitäten	19
Veränderung der gesellschaftlichen Aktivitäten	18
Veränderung der Schlafgewohnheiten	16
Zahlenmäßige Veränderung der Familienzusammenkünfte	15
Veränderung der Eßgewohnheiten	15
Urlaub	12
Weihnachtszeit	13
Vergehen gegen das Gesetz	11

2. Finden Sie heraus, welche Art von Erfüllung sich Ihre Frau wünscht.

Eine andere Möglichkeit, Ihre Frau liebevoll zu umsorgen ist, sie in ihrem Streben nach persönlicher Erfüllung zu unterstützen. Das können Sie dadurch tun, daß Sie herausfinden, welche Ziele sie sich gesetzt hat, und ihr dann dabei helfen, diese Ziele, wenn möglich, zu erreichen. Wir haben es doch alle gern, wenn jemand uns anspornt und sich mit uns freut, wenn wir ein Ziel erreicht haben. Es gibt einer Frau das Gefühl, daß sie wichtig und wertvoll ist, wenn ihr Mann sich die Zeit nimmt, ihr dabei zu helfen, ein persönliches Ziel zu verwirklichen.

Von Zeit zu Zeit gehen meine Frau und ich aus, um irgendwo zu frühstücken oder einfach nur um einmal von zu Hause wegzukommen. Dann tauschen wir unsere persönlichen Ziele aus. Jeder verpflichtet sich dazu, dem anderen bei der Verwirklichung seiner Ziele zu helfen. Dieses Buch ist das Ergebnis eines der Ziele, die meine Frau und ich uns gemeinsam gesteckt haben. Da sie mit genauso viel Begeisterung bei der Sache war wie ich, wußte ich, es würde ihr nichts ausmachen, daß ich ein paar Wochen von der Familie getrennt sein müßte, um für unser Ziel zu arbeiten.

Das Wissen, daß meine Frau für meine Ziele auch Opfer bringen würde, macht mich so glücklich, daß ich sie auch mit Begeisterung in ihren Zielen unterstütze. Da ich weiß, daß sie soviel wie möglich für die Erhaltung ihrer körperlichen Gesundheit tun möchte, trafen wir gemeinsam die Entscheidung, daß sie einem Verein beitreten sollte, wo sie die Gelegenheit hat, sich regelmäßig sportlich zu betätigen. Damit sie ihr persönliches Ziel, gute Gesundheit, erreichen kann, übernehme ich gern manchmal die Rolle des Babysitters.

Setzen Sie sich mit Ihrer Frau zusammen und fragen Sie sie nach ihren Zielen. Vielleicht möchte sie ihre Ausbildung beenden, beruflich weiterkommen, einen Rhetorik- oder Nähkurs machen oder die exotische Kochkunst erlernen. Ihre Ziele können sich ändern, wenn sie entdeckt, aus welchen Motiven oder unter welchem Druck sie etwas Bestimmtes tun wollte. Vielleicht sagt sie, sie möchte wieder studieren, während sie in Wirklichkeit nur ein paar Mal in der Woche von den Kindern wegkommen will. Wenn Sie sie von einem Teil des Drucks befreien, können Sie ihr helfen, ihre Tatkraft in die richtige Richtung zu lenken und ihre *wirklichen* persönlichen Ziele zu erreichen. Ich halte es für die Pflicht eines Mannes, die Ziele seiner Frau ausfindig zu machen und zu begreifen, welche Art von Erfüllung sie sich als Frau wünscht. Dann muß er es ihr ermöglichen, so zu sein, wie sie gerne sein möchte, indem er ihre individuellen Wünsche respektiert.

3. Finden Sie heraus, welche persönlichen Probleme Ihre Frau lösen will.

Meine Frau möchte anderen Frauen weitergeben, wie man als Hausfrau ein erfülltes Leben haben kann, ohne noch arbeiten zu gehen. Doch leider wurde sie, als wir noch nicht lange verheiratet waren, sehr schüchtern, wenn sie zu einer Gruppe sprechen sollte.

Der Grund dafür war wieder einmal mein verantwortungsloses Verhalten. Ich pflegte nämlich ihre Grammatik zu korrigieren oder ihr Verbesserungsvorschläge für ihre Vorträge zu geben. Jedesmal wenn ich sie vor einer Gruppe sprechen gehört hatte, lenkte ich ihre Aufmerksamkeit auf einen Punkt, der meiner Meinung nach noch der Verbesserung bedurfte. Wie wenig wußte ich von der Sensibilität meiner Frau, und schließlich brachte ich sie durch meine Kritik so weit, daß sie nicht mehr öffentlich sprechen wollte. Ich brauchte fünf Jahre, um durch Lob und Ermutigung die Wunden zu heilen, die ich ihr gedankenlos zugefügt hatte. Jetzt spricht sie wieder häufiger vor Gruppen, ist aber immer noch ziemlich nervös, wenn ich im Publikum sitze.

Hat Ihre Frau Ihnen schon einmal morgens kategorisch erklärt, sie würde jetzt abnehmen... und am selben Nachmittag schon wieder Kuchen gegessen? Sie an ihren morgendlichen Vorsatz zu erinnern, ist das Verkehrteste, was Sie tun können. Aber wenn Sie entweder gar keinen Kommentar abgeben oder den Arm um sie legen und sagen: „Ich liebe dich für das, was du bist, und nicht für das, was du dir vornimmst", können Sie sie trösten. Wahrscheinlich ist sie wegen ihrem Mangel an Willensstärke ohnehin schon deprimiert. Wenn sie weiß, daß sie so geliebt wird, *wie sie ist,* wird ihr das mehr Selbstvertrauen geben und auch ihre Willenskraft stärken.

Zusammenfassend kann man sagen, daß eine Frau eine dauerhafte Beziehung zu einem Mann aufbauen möchte, dem soviel an ihr liegt, daß sie sich bei ihm anlehnen kann, wenn sie Trost braucht. Sie möchte einen Mann, der ihre Ängste und Grenzen versteht, damit er sie beschützen kann. Sie spürt, daß sie ihm wichtig ist, wenn ihr Mann für sie eintritt und sie verteidigt, wenn jemand sie kritisiert.

Jeder Mensch ist einzigartig, und der einzige Weg, die Bedürfnisse Ihrer Frau herauszufinden, ist, mit ihr darüber zu sprechen. Sie können sie vielleicht fragen, ob sie meint, daß Sie ihr in den folgenden Bereichen genug Geborgenheit und Hilfe geben:

  - Finanzen der Familie
  - Erziehung der Kinder
  - Haushalt
  - Zukunft – Versicherung, Testament
  - Ihr Arbeitsplatz und Ihre Kollegen
  - Ihre Freunde und Verwandten

Bemühen Sie sich auch darum, zu entdecken, welche Art von persönlicher Erfüllung sie sich wünscht. Bitten Sie sie, Ihnen zwei oder drei der Wünsche zu erklären, die sie schon immer gern verwirklicht hätte. Nehmen Sie auch jedes Jahr eine Überprüfung Ihrer Ziele vor.

Zum Nachdenken

1. In welchem genauen Sinn ist das Wort „pflegen" in Eph. 5,29 gebraucht? Nehmen Sie einen Bibelkommentar zur Hilfe oder fragen Sie Ihren Pastor.
2. Zu welchem Verhalten ermutigt Paulus die Christen für ihren Umgang miteinander? Wie gehen Sie mit Ihrer Frau um?
   1. Thess. 5, 11+14.

9
Auseinandersetzungen? Es gibt einen besseren Weg

„Um deswillen wird ein Mensch verlassen Vater und Mutter und seinem Weibe anhangen, und die beiden werden ein <u>Fleisch</u> sein. "
Eph. 5,31

Durch ein ganz einfaches Abkommen können hitzige Auseinandersetzungen zwischen Ihnen und Ihrer Frau aus der Welt geschafft werden. Nein, Scheidung meine ich nicht!

Es ist ein Abkommen, das dazu führt, daß Sie und Ihre Frau sich mehr Zeit nehmen werden, wichtige Angelegenheiten zu besprechen, ohne in die gewohnte Routine von Anschreien und Anschweigen zurückzufallen; Ihre Frau wird dadurch größere Selbstachtung gewinnen.

Meine Frau und ich kamen auf diese Lösung, als wir am vierten Juli vor sechs Jahren eine heftige Auseinandersetzung hatten. Wir stritten uns, daß die Funken flogen. Jedes Feuerwerk wäre daneben verblaßt. Ich wollte den Urlaub im Juli in Colorado verbringen, sie wollte im August nach Florida. Da wir uns auch nicht auf getrennte Ferien einigen konnten, wurde die Debatte immer hitziger, und ein Ende war nicht abzusehen. Ich kochte vor Wut und verglich ihre Haltung mit der einiger meiner nachgiebigeren, unverheirateten Kolleginnen.

„Was dir fehlt, ist Gelassenheit. Außerdem bist du im Unrecht", sagte ich.

„So eine ‚gelassene Frau', von der du immer redest, möchte ich gern mal sehen", gab sie wütend zurück. „Wenn du mir auch nur eine einzige zeigen kannst, könnte ich es mir eventuell überlegen und mir an ihr ein Beispiel nehmen."

An diesem Punkt kam mir die zündende Idee, die uns in den nächsten sechs Jahren solche hitzigen Auseinandersetzungen ersparen sollte. Ich frage Norma, ob sie bereit sei, das Gespräch hier abzubrechen und einem zweimonatigen Experiment zuzustimmen. Wenn das Experiment glückte, wollten wir mit der Sache weitermachen; wenn nicht, würden wir uns nach einer anderen Lösung umsehen.

„Bist du bereit, keine Entscheidung zu treffen, die mich oder die ganze Familie mit angeht, solange ich nicht vollkommen einverstanden bin?" fragte ich sie. „Und ich will nichts entscheiden, das dich auch betrifft, solange du nicht voll und ganz zustimmst."

Ich wußte nicht, ob das Experiment glücken würde; ich wußte nur, daß ich die ewigen Streitigkeiten und sinnlosen Debatten leid war, die zu nichts führten, außer zu Tränen und grimmigem Schweigen. Da ich für eine Organisation arbeitete, die harmonisches Familienleben lehrte, lag mir natürlich viel daran, in meiner eigenen Familie Harmonie herzustellen. (Von dem Klempner, bei dem die Wasserhähne tropfen, haben Sie bestimmt schon gehört.)

Wollten wir absolute Einstimmigkeit erzielen, mußte sich vieles ändern. Wir mußten uns mehr Zeit nehmen, Angelegenheiten zu besprechen, und waren gezwungen, nach den Gründen für die Ansicht des anderen zu fragen. Ich mußte den tieferen Sinn von Normas Worten ergründen und ihre Sicht der Dinge verstehen, wenn ich sie von meinem eigenen Standpunkt überzeugen wollte. Am Anfang beendeten wir so manche Diskussion mit der Übereinkunft, noch abzuwarten, da wir uns nicht einigen konnten. Erstaunlicherweise lösten sich viele „Probleme" anscheinend von selbst – zumindest schienen sie an Wichtigkeit zu verlieren, wenn einige Tage verstrichen.

Obwohl unsere Idee gut funktionierte, verstieß ich nach zwei Monaten gegen unser Abkommen. Ich hörte, wie in der Küche zwischen Karin und Greg ein Streit ausbrach, und eilte herbei, um ihn zu schlichten. Ich sah gerade noch, wie Greg seinen vollen Teller über den Tisch schubste, und der ganze Inhalt sich über Karin ergoß. Als ich mit Greg schon auf dem Weg nach oben war, um ihn zu bestrafen, sagte Norma, sie sei damit nicht einverstanden.

Ich blieb stehen und entgegnete: „Unser Experiment läßt sich eben nicht in allen Situationen anwenden. Ich kann meine Verantwortung als Gregs Vater nicht aufgeben, nur weil du anderer Meinung bist. Es tut mir leid. In diesem Fall kann ich auf deine Meinung keine Rücksicht nehmen."

Nachdem ich mit Greg „ein ernstes Wörtchen" geredet hatte, empfing Norma mich sehr kühl, als ich in die Küche kam.

„Ich mußte einfach tun, was ich für richtig hielt, Norma", erklärte ich. „Ich wünschte, wir könnten uns in jedem Fall einigen, aber das ist praktisch eben nicht durchführbar."

Sie entgegnete: „Ich glaube nicht, daß du dir die Zeit genommen hast, herauszufinden, was sich wirklich abgespielt hat."

„Was ich gesehen habe, war deutlich genug."

Aber ich mußte doch zugeben, daß ich nicht wußte, womit Karin Greg provoziert hatte. Norma hatte Karin aufgetragen, für Greg Brote fertig zu machen. Wahrscheinlich hatte Karin von Anfang an keine Lust dazu, und als Greg die Brote dann nicht essen wollte, versuchte sie, sie ihm aufzuzwingen.

„Mama hat gesagt, ich soll dir Brote machen, jetzt mußt du sie auch essen", sagte sie zu Greg.

„Du hast mir gar nichts zu sagen. Ich muß sie überhaupt nicht essen", gab er zurück. Und um das klarzustellen, schob er den Teller von sich weg. Doch die Tischplatte war glatter als er gedacht hatte, und so landeten die Brote in Karins Schoß.

Ich bekannte, daß ich einen Fehler gemacht hatte, und entschuldigte mich bei Greg. Um solche Fehler in Zukunft zu vermeiden, halten wir jetzt in der Familie „Gericht". Jeder kann alle Zeugen herbeibringen, die zu seinen Gunsten aussagen, und den nötigen „Rechtsbeistand" in der Familie zu bekommen. Wenn alle Fakten vorliegen, entscheidet die Familie darüber, wer „schuldig" ist.

Wenn Norma und ich unterschiedlicher Meinung sind, stelle ich immer wieder zu meiner Überraschung fest, daß Norma häufig recht hat. Ich weiß nicht, ob sie einen heißen Draht zum Himmel hat, oder woran es sonst liegt, aber irgendwie hat sie es anscheinend im Gespür, wenn etwas nicht richtig ist. Unsere Verpflichtung zur Einigkeit hat zu größerer Harmonie und zu einem engeren Gedankenaustausch zwischen uns geführt als all die anderen Dinge, die wir praktizieren. Meine Frau hat ein größeres Selbstwertgefühl bekommen, und konfliktreiche Auseinandersetzungen sind aus unserem Leben verschwunden.

Durch ständige Meinungsverschiedenheiten wird eine Beziehung immer instabiler. Deshalb hat wahrscheinlich auch Paulus solchen Nachdruck darauf gelegt, daß die Gemeinde eines Geistes und eines Sinnes sein soll. Das Streben nach Einmütigkeit verglich er mit dem *Kampf*, der nötig ist, wenn man sein Ziel erreichen will (Phil. 1,27). Auch in der Ehe können wir es lernen, zu einer einmütigen Haltung zu kommen. Das restliche Kapitel beschäftigt sich mit den schwerwiegenden Konsequenzen von Entscheidungen, die die ganze Familie betreffen, und ohne Zustimmung des anderen getroffen wurden. Außerdem werden Möglichkeiten aufgezeigt, wie Sie den Grundsatz der Einmütigkeit in Ihrer Familie verwirklichen können.

Was geschieht, wenn Sie alle Entscheidungen treffen

Wenn eine Frau nicht am Entscheidungsprozeß beteiligt ist, fühlt sie sich verunsichert, besonders wenn es um Entscheidungen geht, die die finanzielle Sicherheit oder die Lebensbedingungen der Familie betreffen. Ihre ständige Unsicherheit wirkt wie eine ansteckende Krankheit und führt auch in anderen Bereichen der Ehe zu Instabilität.

Klaus und Inge hatten schwer zu kämpfen, um auch nur ausreichend Geld für das Essen zusammen zu bekommen. Er mußte achtzehn Stunden am Tag in seinem kleinen Geschäft arbeiten, und sie arbeitete mindestens acht Stunden täglich im Büro, obwohl sie im siebten Monat schwanger war. Dann flog Klaus an die Ostküste, um einem Multimillionär seine geschäftlichen Pläne zu unterbreiten. Der Mann war beeindruckt und machte Klaus ein großzügiges Angebot, das dieser in weniger als fünf Minuten annahm. Das war das einzig „Vernünftige" für ihn.

Er konnte es kaum erwarten, Inge anzurufen und ihr die wunderbare Neuigkeit in „logischer" Reihenfolge mitzuteilen, damit sie sich ebenso wie er dafür begeistern könnte. Er sagte: „Erstens, wirst du nicht mehr arbeiten müssen. Zweitens, gibt er mir 20 Prozent vom Profit – er sagt, in einem Jahr bin ich Millionär. Drittens, du glaubst gar nicht, wie schön es hier ist, und er übernimmt alle Umzugskosten."

Klaus war schockiert, als er am anderen Ende der Leitung hemmungsloses Schluchzen vernahm. Zuerst dachte er, sie weine vor Freude. (Ich weiß, das ist kaum zu glauben, aber das dachte er wirklich.)

Sobald Inge wieder sprechen konnte, stellte sie einige Fragen, die Klaus für vollkommen lächerlich hielt (tatsächlich dachte er, sie sei übergeschnappt). Sie stellte Fragen wie: „Und was ist mit unseren Eltern?" „Und die Wohnung? – Ich habe gerade das Kinderzimmer eingerichtet." Nach ihrer dritten Frage beendete Klaus, mit all seiner männlichen „Vernunft", abrupt das Gespräch. Sie wagte tatsächlich, ihn zu fragen, ob er denn vergessen habe, daß sie im siebten Monat sei!

Er ließ ihr ein bis zwei Stunden Zeit, sich wieder zu beruhigen, dann rief er zurück. Sie hatte die Fassung wieder gefunden und willigte ein, an die Ostküste zu ziehen. Sie ließ alles zurück – ihre Eltern, ihre Freunde, ihren Arzt, ihren Säuglingspflegekurs und das Kinderzimmer, das sie mit viel Zeitaufwand für ihr erstes Kind hergerichtet hatte.

Inge brauchte beinahe acht Monate, um sich an eine neue Situation zu gewöhnen, wofür Klaus nur wenige Minuten gebraucht hatte. Klaus ist nie zu seiner Million gekommen. Das Geschäft platzte acht Tage vor der Geburt des Babys, und sie zogen wieder um. Klaus hat schließlich seine Lektion gelernt, und heute trifft er keine größere Entscheidung mehr, wenn Inge nicht voll und ganz damit einverstanden ist. Sobald er eine Veränderung absehen kann, sagt er es ihr, damit sie reichlich Zeit hat, sich mit dem Gedanken vertraut zu machen. Doch Klaus hat nie vergessen, daß seine Frau ihm oft aus Liebe Opfer gebracht hat. Er sieht sogar ein, daß Fragen wie: „Und was ist mit unseren Eltern?" oder „Und was ist mit dem Kinderzimmer?" wichtiger sein können als Geld.

Männer können ihrer Frau leicht das Gefühl geben, sie sei dumm, unfähig oder ein unwichtiges Mitglied der Familie, wenn sie die meisten Entscheidungen allein treffen. Viele Männer behandeln ihre Frau so, als ob sie überhaupt nichts wüßte. Wenn es um eine Entscheidung in ihrem Fachgebiet oder in finanziellen Angelegenheiten geht, sollte sich ihre Frau ihrer Ansicht nach besser ganz heraushalten.

Gert mußte erst einen finanziellen Verlust erleiden, ehe er das Urteil seiner Frau respektieren lernte. Er überlegte sich, wie er sein Geld am besten anlegen könnte, und dachte dabei an alles mögliche, von Wohnungen über Grundstücke bis hin zu Börsengeschäften. Nachdem er sich bei Fachleuten und in der einschlägigen Literatur informiert hatte, beschloß er, ein an einem See gelegenes Grundstück zu kaufen, auf dem einmal ein Altersheim entstehen sollte. Er meinte, wenn er das Grundstück in seiner frühen Erschließungsphase erwerbe, würde es in fünf oder zehn Jahren erheblich mehr wert sein. Als Linde von seinen Plänen erfuhr, hatte sie Bedenken gegen diese Investition.

Aber Gert dachte sich: „Was versteht sie schon davon?", und unterschrieb den Vertrag trotz ihrer Einwände.

Als er einige Zeit später das Grundstück wieder verkaufen wollte, um schnell zu Geld zu kommen, das er wiederum in ein anderes Projekt investieren wollte, stellte er fest, daß es sehr schwer verkäuflich war. Gert und Linde werden es wahrscheinlich noch besitzen, wenn sie selbst alt genug fürs Altersheim sind. Hätte Gert Lindes Meinung berücksichtigt, hätte er nicht nur eine Menge Geld gespart, sondern auch ihrer Selbstachtung Auftrieb gegeben. Was ist denn dagegen einzuwenden, daß wir „ein Fleisch" mit unserer Frau werden? Schließlich ist das Gottes Wille!

Wir Ehemänner täten gut daran, uns zu erinnern, daß bei jedem Menschen die Belastbarkeitsgrenze woanders liegt. Falls Sie Ihre Frau übergehen, wenn Sie Entscheidungen treffen, bedeutet das, daß sich für sie der Streß in allen Bereichen ihres Lebens erhöht. Wie weiter oben schon erwähnt, fordert der Streß schließlich seinen Tribut, indem er ihre körperliche Gesundheit angreift.

Wie in so vielen Bereichen in meiner Ehe mußte ich auch hier Lehrgeld zahlen. Ich fragte Norma nicht, ob sie allein mit drei kleinen Kindern fertig werden würde, als ich beruflich sehr viel unterwegs sein mußte; ich nahm es einfach an. Durch die zusätzliche Belastung geriet sie schließlich an den Rand eines Zusammenbruchs. Ich mußte eine weniger angesehene Position in der Firma übernehmen, aber ich lernte, wie wichtig es ist, mich um meine Familie zu kümmern. Sie gibt mir viel mehr Freude und Erfüllung als jede Arbeit. Heute macht mir auch mein Beruf mehr Spaß, weil meine Familie immer an meiner Seite ist.

Wenn ein Mann lernt, das größte Glück in seiner Familie zu finden, werden auch seine Hobbies und seine Freunde für ihn eine ganz neue Bedeutung bekommen.

Beschämt denke ich an Vorfälle zurück wie diesen: Norma und die Kinder sollten mich von der Arbeit abholen, wir wollten zusammen essen gehen. Gerade als sie vorfuhr, wurde ich zu einer in letzter Minute anberaumten Besprechung gerufen. In aller Eile erklärte ich ihr, ich würde in einigen Minuten zurück sein. Die Besprechung dauerte dann aber zwei Stunden. Von Bedauern war bei mir jedoch keine Spur. Ich war vielmehr wütend, weil sie nicht treu und brav im Auto auf mich gewartet und die drei hungrigen Kinder zur Geduld ermahnt hatte.

Wäre ich noch einmal in dieser Lage, würde ich sagen: „Ich bin gerade zu einer unerwarteten Besprechung gerufen worden. Würdest du vielleicht lieber mit den Kindern wieder nach Hause fahren und dort auf mich warten und den Kindern schon etwas zu essen geben? Wir beide können ja dann später zusammen essen." Oder ich würde meinen Kollegen erklären, ich hätte schon eine Verabredung mit meiner Familie. Offen gesagt, kommt bei Besprechungen zu später Stunde meist sowieso nicht sehr viel heraus. (Außerdem würden sicher auch die Frauen der Kollegen davon profitieren.)

Auseinandersetzungen sind letzten Endes wahrscheinlich die häufigste Nebenwirkung von im Alleingang getroffenen Entscheidungen des Mannes. Da Zorn die Zunge in eine spitze Waffe verwandelt, enden eheliche Auseinandersetzungen oftmals damit, daß jeder dem anderen seine Charakterschwächen vorwirft. Worte, die in der Hitze des Gefechts gefallen sind, kann man manchmal nie mehr vergessen. Meine Frau kann sich immer noch an häßliche Dinge erinnern, die ich vor unserer Ehe zu ihr gesagt habe.

Wenn eine Frau sich während einer Meinungsverschiedenheit bedroht fühlt, kann sie wütend werden und ihren Willen unbedingt durchsetzen wollen. Versteht ihr Mann nicht, daß sie so handelt, weil er ihre Sicherheit bedroht hat, denkt er möglicherweise, ihre Angriffe seien gegen ihn persönlich gerichtet oder seine Rolle als Familienoberhaupt werde in Frage gestellt. Und so werden beide weiter streiten, wie zwei Wölfe, die um die Vorherrschaft in einem Rudel kämpfen. Statt dessen sollte sich jeder in die Welt des anderen hineinversetzen, damit sie sich gegenseitig verstehen können.

Stellen Sie sich einmal vor, zwischen einem Mann und seiner Frau gäbe es Probleme, und er schlägt ihr dann vor, ein paar Tage gemeinsam zu verreisen, während die Kinder bei der Großmutter bleiben. Seine Frau sagt jetzt: „Du willst mich unter Druck setzen." Er empfindet diese Worte als einen Schlag ins Gesicht. Er hatte nicht versucht, sie unter Druck zu setzen, und folglich gibt es für ihn keinen logischen Grund, *warum* sie das so empfinden sollte. Die Gemüter erhitzen sich, und ein Streit entbrennt. Doch das ist hier nicht der springende Punkt. Es geht vielmehr darum, daß Sie einer Frau, wenn sie sagt, sie fühle sich unter Druck gesetzt, aufs Wort glauben können – sie fühlt sich wirklich unter Druck gesetzt. Versuchen Sie, sich in ihre Welt hineinzuversetzen und herauszufinden, warum sie das so empfindet – kommen Sie nicht mit dem Argument, daß Sie nicht absichtlich versuchten, sie unter Druck zu setzen. Wenn Ihr Vorschlag sie in irgendeiner Weise dazu veranlaßt hat, zu sagen, sie *fühle* sich unter Druck gesetzt, dann *ist* sie unter Druck gesetzt.

Versuchen Sie es auf folgende Art und Weise: „Danke, daß du mir gesagt hast, wie du darüber denkst. Ich habe das nicht beabsichtigt, aber ich verstehe deine Gefühle. Ich nehme meinen Vorschlag zurück, vielleicht können wir uns etwas anderes überlegen, das uns beiden zusagt."

Die folgenden Beispiele machen deutlich, wie man kleinere Meinungsverschiedenheiten beilegen kann, ehe sie sich zu einem handfesten Streit auswachsen.

Sie sagt:	*Typische Antwort eines Ehemannes:*	*Bessere Reaktion:*
Du setzt mich unter Druck.	Ich setze dich gar nicht unter Druck. Ich wollte nur etwas unternehmen, wo wir beide zusammen sein können. Also mach mir keine Vorwürfe!	Ich kann verstehen, daß du dich unter Druck gesetzt fühlst. Wenn das, was ich gesagt habe, dir dieses Gefühl gibt, dann akzeptiere ich das. Aber es war wirklich nicht meine Absicht. Kannst du mir genauer erklären, warum du so empfindest?
Ich will nicht an den Strand gehen. Ich verabscheue das!*	Als wir noch nicht verheiratet waren, bist du immer gern an den Strand gegangen.	Ich sollte sicher wissen, warum du nicht an den Strand willst. Aber könntest du mir deine Gründe noch einmal erklären?

Nein, ich will nicht mit dir zu dem Fußballspiel gehen. Ich hasse Fußball.

Ich versuche nur, etwas mit dir gemeinsam zu unternehmen. Du könntest wenigstens ab und zu mitkommen und mir bei etwas Gesellschaft leisten, was mir Spaß macht.

Willst du vielleicht unter anderem deshalb nicht mitkommen, weil ich dich nicht genug beachte, wenn ich bei einem Spiel bin?**

*Sie kann verschiedene Gründe dafür haben. Einer davon ist vielleicht, daß sie sich wegen ihrer Figur schämt. Hier muß der Ehemann sehr einfühlsam, verständnisvoll und zärtlich sein. Vergessen Sie nicht, manche Frauen fühlen sich im Badeanzug nicht so entspannt wie vielleicht ein Mann.

**Wenn sie mit ja antwortet, fragen Sie sie auch nach den anderen Gründen. (Denken Sie daran, wenn Sie ihre Gründe nicht akzeptieren, wird sie künftig weniger bereit sein, Ihnen ihre wahren Gefühle mitzuteilen.) Vielleicht müssen Sie ihr auch ein wenig Zeit lassen und bei einer anderen Gelegenheit wieder darauf zurückkommen. Sagt sie nein, dann fragen Sie sie, welches ihre Gründe sind. Seien Sie liebevoll und zeigen Sie den aufrichtigen Wunsch, sie zu verstehen und ihre Meinung zu respektieren.

Wie Sie Entscheidungen gemeinsam fällen können

Wenn Sie einmal einen guten Weg gefunden haben, dann bleiben Sie dabei. Jedesmal, wenn meine Frau und ich eine Abkürzung ausprobieren, geraten wir in Schwierigkeiten.

Nach einer kurzen Diskussion über einen Umzug aufs Land, fanden wir das Haus unserer Träume. Ich schrieb eine Zeitungsannonce, in der ich unser Haus zum Verkauf anbot, und besorgte mir Schilder mit der Aufschrift „Zu verkaufen" für unseren Vorgarten. Ein Nachbar kam zu mir herüber und fragte mich, wieviel ich für das Haus verlangte. Als ich ihm den Preis nannte, sagte er, das sei viel zu wenig; dadurch würde auch der Marktwert der umliegenden Häuser vermindert.

Ein leises Unbehagen beschlich mich. Da Norma und ich den geplanten Umzug nicht in allen Einzelheiten durchgesprochen hatten, versuchte ich, sie anzurufen, konnte sie aber nicht erreichen. Ich zog die Zeitungsannonce zurück und entfernte die Schilder wieder aus dem Garten. Als Norma dann nach Hause kam, stellten wir eine Liste zusammen, wie wir es bei allen größeren Entscheidungen machen. Nachdem wir alle Vor- und Nachteile gegeneinander abgewogen hatten, kamen wir zu dem Schluß, daß wir zum gegenwärtigen Zeitpunkt unser Haus lieber nicht verkaufen sollten.

Mit Hilfe unserer einfachen Liste können wir bei wichtigen Entscheidungen völlige Übereinstimmung erzielen. Als erstes schreiben wir auf, was alles dafür bzw. dagegen spricht, eine bestimmte Sache zu tun. Als nächstes schreiben wir alle Gründe auf, die dafür bzw. dagegen sprechen, diese Sache *nicht* zu tun. Als drittes wägen wir jeden dieser Gründe sorgfältig ab. Wird die Entscheidung nachhaltige Auswirkungen haben? Haben wir eigennützige Motive, oder helfen wir anderen durch unsere Entscheidung? Zum Schluß rechnen wir alle Vor- und Nachteile zusammen und sehen dann, was gewinnt, nicht *wer* gewinnt. Obwohl Sie vielleicht meinen, Sie hätten alle ausschlaggebenden Gründe im Kopf, erleichtert und vereinfacht es doch die Entscheidung, wenn man sie schwarz auf weiß vor sich sieht.

Durch diese Gegenüberstellung von Für und Wider sind wir gezwungen, gemeinsam so viele Fakten wie möglich zu erwägen. Wenn ich jemanden berate, kann ich ihm meistens erst dann helfen, wenn ich eine Anzahl von Fakten über seine individuelle Situation erfahren habe. Je weniger Fakten man kennt, desto verschwommener erscheint eine Situation. Aber je mehr Fakten man hat, desto klarer wird das Bild und desto einfacher die Lösung. Wenn ich jemanden bitte, alle Fakten auf ein Blatt Papier zu schreiben, kommt er häufig von selbst auf die Lösung seines Problems.

Das folgende Beispiel verdeutlicht, wie wir die Abwägung der Gründe in unserer Familie handhaben.

Eine wichtige Entscheidung – Soll ich die Stelle wechseln?
Das würde bedeuten, daß wir an einen mehr als 1500 km entfernten Ort ziehen und uns mit einem niedrigeren Gehalt zufrieden geben müßten.
1. Was spricht dafür und was dagegen, daß ich die Stelle wechsle

und mit meiner Familie so weit wegziehe? (Ich führe hier nur einige Gründe als Beispiel an.)

Wenn wir umziehen:

Was gewinnen wir?	*Was verlieren wir?*
1. Die Kinder könnten in einer kleineren Stadt aufwachsen.	1. Wir bekommen weniger Geld. Können wir damit auskommen?
2. Wir haben bessere Möglichkeiten, Familien gezielt zu helfen.	2. Wollen wir wirklich in einer Kleinstadt leben und auf all die Vorzüge und die besseren Einkaufsmöglichkeiten der Großstadt verzichten?
3. In dieser Gegend gibt es mehr Campingplätze und es ist das ganze Jahr über wärmer.	3. Wir müßten uns von lieben Freunden trennen.
4. Zwei unserer besten Freunde wohnen in dieser Stadt.	4. Könnten wir uns dort ein eigenes Haus leisten?
	5. Es gibt dort keinen Flugplatz, von dem aus ich bequem zu meinen Familienseminaren reisen könnte.

2. Was spricht dafür und was dagegen, daß ich mit meiner Familie *nicht* umziehe und die neue Stelle *nicht* annehme?

Wenn wir bleiben:

Was gewinnen wir?	*Was verlieren wir?*
1. Wir behalten das gleiche Gehalt.	1. Wir können den Familien auf dauerhafter und persönlicher Basis nicht helfen.
2. Unsere Kinder könnten weiterhin in die gleiche Schule gehen.	2. Unsere Kinder können nicht in einer Gegend aufwachsen, wo es wärmer ist und auch mehr Möglichkeiten für Sport und andere Freizeitbeschäftigungen gibt.
3. Wir könnten weiterhin wie gewohnt einkaufen.	3. Wir verlieren unsere Gemeinde, in der wir uns alle sehr wohl fühlen.

Es ist wichtig, daß man sich überlegt, aus welchen Gründen man etwas *tun* soll und aus welchen Gründen man es *nicht* tun soll. Dadurch wird man gezwungen, eine Sache aus verschiedenen Blickwinkeln zu betrachten.

3. Die Auswertung der Gründe auf beiden Listen ergibt dann die Grundlage für die Entscheidung.

„Stimmt mit Ja für den Umzug!" stand auf Karins Plakat. Sie hatte im ganzen Haus Plakate angebracht, mit denen sie um Stimmen für unseren Umzug in einen anderen Bundesstaat werben wollte. Wie ein Wahlkampfmanager setzte sie sich dafür ein, daß ihre beiden Geschwister für ihre Seite stimmten.

Als dann der „Wahltag" kam, händigte ich einem jeden Familienmitglied einen Stimmzettel aus. Die Spannung stieg, als ich jeden Zettel laut vorlas, bis wir schließlich alle Stimmen zusammen hatten. „Ja" – das war die einstimmige Entscheidung.

Das Mehrheitsprinzip gilt in einem solchen Fall nicht. Wenn ein Familienmitgleid mit „Nein" gestimmt hätte, hätten wir sicher berücksichtigen müssen, *warum* er oder sie dagegen war. Völlige Einigkeit ist ein wichtiges Element in einer glücklichen Familie. Eine Sache sollte, wenn möglich, solange offenbleiben, bis jeder seine

Zustimmung geben kann. Kreative Alternativen können in Betracht gezogen werden, wenn es so aussieht, als ob ein Familienmitglied durch sein „Veto" die Entscheidung blockieren würde.

Was soll man tun, wenn die Sache so festgefahren ist, daß Mann und Frau nicht zu einer Entscheidung kommen können?

Anstatt sich nach einem Schiedsrichter für den unausweichlichen Kampf umzusehen, sollte man die Entscheidung so lange wie möglich hinausschieben, um noch mehr Fakten zusammenzutragen. Wenn das „Ultimatum" abgelaufen ist, müssen die beiden entscheiden, was das beste für die Familie ist. Wenn sie sich immer noch nicht einigen können, aber die Frau ihrem Mann die Entscheidung überläßt, sollte er dabei das Wohl der *Familie* im Auge haben. Eine liebevolle, verständnisvolle Haltung kann das Herz einer Frau anrühren und ihr die Geborgenheit geben, die sie in Zeiten schwieriger Entscheidungen so dringend braucht.

Zum Nachdenken

1. Soll ein Mann sich seiner Frau unterordnen?
   Eph. 5,21.
2. Was bedeuten die Verse vor und nach Eph. 5,22, wo es heißt, die Frau solle sich unterordnen? Vergl. auch Kol. 3, 17-19.
3. Da ein Mann seine Frau so lieben soll, wie Christus die Gemeinde liebt, muß man wissen, wie Christus liebt. Was können wir von Ihm aus Matt. 20, 25-28 lernen?
4. Überlegen Sie sich unter Berücksichtigung von Röm. 12,10 eine einfache Definition von Unterordnung.

10
Eine glückliche Ehe ist leichter als Sie denken!

„Solange ich bei ihnen war, erhielt ich sie in deinem Namen, den du mir gegeben hast, und ich habe sie bewahrt."
Joh. 17,12

Als ich jungverheiratet war, fragte ich häufig andere Ehepaare, ob sie mir das Geheimnis einer glücklichen Ehe verraten könnten. Meistens bekam ich darauf die Antwort: „Sie und Ihre Frau werden Probleme haben, aber wenn es sein soll, werden Sie zusammenbleiben. Wenn nicht, dann werden Sie sich eben trennen." Später, als ich mir Gedanken um die Beziehung zu meinen Kindern machte, pflegte man mir zu sagen: „Im Teenageralter werden Ihre Kinder rebellieren. Das ist ganz normal."

Diese Lebensweisheit schien so pessimistisch zu sein, daß ich jedesmal ganz mutlos wurde, wenn unsere häusliche Harmonie durch einen Streit gefährdet war. Ich konnte auch nirgends Bücher oder Artikel darüber finden, wie man ein harmonisches und herzliches Familienleben führen kann.

Doch heute kann ich ohne Einschränkungen sagen, daß meine Frau mein bester Freund ist. Das ist so, weil wir einen Grundsatz angewandt haben, den wir von mehreren glücklichen Familien gelernt haben. Durch die Anwendung dieses Grundsatzes gibt es in unserer Familie auch keine ernstlichen Unstimmigkeiten mehr, und wir haben alle ein engeres Verhältnis zueinander bekommen.

Diesen Grundsatz habe ich von dreißig Familien aus verschiedenen Gegenden des Landes gelernt, die ich interviewt habe. Ursprünglich hatte ich sie ausgewählt, weil unter den Familienmitgliedern anscheinend eine große Verbundenheit bestand, und auch die Kinder alle ein enges Verhältnis zu ihren Eltern zu haben und darüber glücklich zu sein schienen, obwohl viele schon Teenager waren. Es waren Familien, die überwiegend Glück und Zufriedenheit ausstrahlten.

Wenn ich zu einer Gruppe sprach, hielt ich im Publikum nach der Familie Ausschau, die den glücklichsten Eindruck machte. Anschließend befragte ich sie dann. Oft sprach ich zuerst allein mit der Frau, dann mit dem Mann und schließlich mit den Kindern. Ich stellte ihnen allen dieselbe Frage: „Was ist Ihrer Meinung nach der Hauptgrund dafür, daß Sie untereinander so verbunden und als Familie so glücklich sind?" Alle Mitglieder einer jeden einzelnen Familie gaben ausnahmslos dieselbe Antwort: „Wir unternehmen viel gemeinsam." Was mich noch mehr überraschte, war die Tatsache, daß alle Familien ein bestimmtes Hobby gemeinsam hatten.

Ich kann ehrlich sagen, daß ich die Vorschläge dieser Familien selbst ausprobiert habe und den Beweis für ihre Richtigkeit erhalten habe. Jetzt habe ich keine Angst mehr, daß meine Ehe zerbrechen könnte oder daß die Kinder meine Frau und mich ablehnen, wenn sie älter sind. Der Grund dafür ist, daß wir als Familie die Dinge praktizieren, die wir von den anderen glücklichen Familien gelernt haben.

Machen Sie gemeinsame Erfahrungen

Jesus hat uns das Vorbild gegeben; Er hat Sein Leben mit den Jüngern geteilt. Sie reisten, aßen, schliefen, heilten und predigten *zusammen*. Er führte sie, beschützte sie und bewahrte sie; Er betete auch für sie (Joh. 17). Dieses Beispiel der Einheit und Gemeinschaft, das Er uns gegeben hat, inspiriert mich immer wieder dazu, mit meiner Familie „eins" zu werden, indem ich viele gemeinsame Unternehmungen einplane.

Da jede der befragten Familien ausdrücklich *Camping* erwähnt hatte, zog auch ich diese Art der Freizeitgestaltung als eine Möglichkeit in Betracht. Norma dachte sofort an Schmutz, Spinnen, Schlangen und alle möglichen Arten von Ungeziefer. Camping war nicht ihr Fall. Obwohl ich selbst es erst ein paar Mal ausprobiert hatte, konnte ich mich nicht daran erinnern, daß es irgendwelche unüberwindlichen Schwierigkeiten gegeben hätte. Wir beschlossen, den Versuch zu wagen. Norma gab ihre Zustimmung nur widerwillig und bewaffnete sich mit einer Dose Insektenspray.

Wir borgten uns eine Campingausrüstung und machten uns auf die Reise nach Florida. In Kentucky fanden wir einen herrlichen Campingplatz, und obwohl ich etwas beunruhigt war, weil er so abgelegen war, ließ ich es mir nicht anmerken. Nachdem wir neben der einzigen hellen Laterne in der Nähe der Duschen geparkt hatten, machten wir ein Lagerfeuer, um unsere Würstchen zu braten. Alles war friedlich, niemand störte uns. Gegen neun Uhr steckten wir die Kinder ins Bett, Norma und ich blieben noch auf, um die romantische Nacht zu genießen. Es wehte ein warmer Wind, und ein Gewitter in der Ferne unterhielt uns mit interessanten Lichteffekten. Obwohl die Blitze immer näher kamen, dachten wir, das Gewitter würde an uns vorbeiziehen, und legten uns unbekümmert schlafen.

Die Kinder schliefen schon, als ich zu Greg in das enge Bett kroch und Norma sich neben Karin legte. Wir lagen so dicht nebeneinander, daß wir uns bei der Hand halten konnten, während wir uns flüsternd unterhielten. Ich dachte: „Das ist wirklich das einzig Wahre. Ich kann verstehen, warum alle Leute Camping lieben." Doch meine heitere Stimmung war auf einmal wie weggeblasen, als das Unwetter plötzlich um unser Zelt zu toben begann, und mit einem Schlag die Laterne ausging. Es war stockdunkel, nur die häufig zuckenden Blitze erhellten den Himmel. Die grollenden Donnerschläge ließen den Boden unter uns erzittern, der Wind heulte. Der Regen klatschte so heftig gegen unser Zelt, daß alles durchweichte, und selbst unsere Decken tropfnaß wurden.

„Glaubst du, es wird unser Zelt umwehen?" fragte Norma leise.

„Bestimmt nicht", antwortete ich. Doch insgeheim war ich davon überzeugt, das Zelt würde fortgeweht werden und unser letztes Stündlein sei gekommen. Aber eine Stunde später hatte sich das Gewitter soweit ausgetobt, daß die Sterne wieder zu sehen waren. Atemlos lagen wir auf unseren durchweichten Betten und fragten uns im Stillen, ob Camping wirklich das Richtige für uns war. Ich hätte auch gern gewußt, warum Camping so entscheidend dazu beitragen sollte, eine Familie näher zusammenzubringen. Aber natürlich, jede Familie, die gemeinsam dem sicheren Tod ins Auge geblickt hat, würde, wenn sie überlebte, hinterher enger verbunden sein!

Colorado war das Ziel der ersten Reise mit unserem eigenen Campingbus. Wir konnten es kaum erwarten, die Schönheit der schneebedeckten Berge zu bewundern und das würzige Aroma der Kiefern zu schnuppern. Fast schon konnte ich das Brutzeln von Regenbogenforellen in der Pfanne hören. Als wir die Fahrt in die Berge antraten, verlangsamte sich die Geschwindigkeit unseres Kombiwagens von 80 auf 50 Stundenkilometer, sank dann weiter auf 40, 30, bis wir schließlich mit 20 km/h dahinschlichen. Der Temperaturanzeiger stand auf „heiß". Meine Handflächen waren so klebrig von Schweiß, daß ich mir vorkam, als sei ich mit dem Wagen verwachsen. Die Kinder spürten die Spannung in der Luft und wurden unruhig und laut.

„Auf dem nächsten Parkplatz muß ich anhalten", sagte ich. Als ich das Auto zum Stehen brachte, waren meine Nerven zum Zerreißen gespannt. Die drei Kinder sprangen sofort aus dem Wagen. Ich hatte nicht mal die Zeit, mir über den überhitzten Wagen Gedanken zu machen, als unser Jüngster, Michael, aus vollem Hals losbrüllte.

Sein älterer Bruder hatte seine überschüssige Energie abreagieren wollen und einer, wie er dachte, leeren Dose eine heftigen Tritt versetzt. Unglücklicherweise war die Dose jedoch noch halb voll mit Motoröl. Sie war auf Michaels Kopf gelandet, und ihr Inhalt hatte sich über ihn ergossen. Er stand da wie ein Häuflein Elend. Die Flüssigkeit tropfte ihm von der Nase, den Ohren, sogar der Mund hatte etwas abbekommen. Für so einen Notfall waren wir gar nicht gerüstet, wir hatten kein Wasser im Campingbus, um ihn wieder zu säubern. Da er den Rest der Fahrt über heftig blinzelte, dachten wir schon, seine Augen seien möglicherweise verletzt worden.

Bisher habe ich nur die tragischen Zwischenfälle auf unseren Campingfahrten erwähnt, aber wir hatten auch schon sehr viele wunderbare Erlebnisse beim Erkunden der Landschaft und Erklettern der Berge. Die eigentliche Bedeutung des Camping wird wohl noch besser verstanden werden, wenn wir zum dritten Punkt dieses Kapitels kommen.

Gemeinsame Unternehmungen mit Ihrer Familie können Ihnen unter Umständen zusätzliche Ausgaben verursachen, aber dafür lohnt sich jeder Pfennig.

Eines Tages rief Norma mich an, um zu fragen, ob ich ein Boot mit Wasserskiausrüstung kaufen wollte. Obwohl ich am Anfang noch unschlüssig war, schien jeder in der Familie von dem Gedanken ganz angetan zu sein. Wir erwarben ein „altbewährtes" Modell. Als wir zum ersten Mal damit über den See brausten, bemerkte ich, wie meine Frau sich am Bootsrand festklammerte, als ob sie befürchtete, wir würden jeden Augenblick kentern. Ich dachte, ich hätte alles gut im Griff, doch die Angst stand ihr ins Gesicht geschrieben. Mit einer Hand hielt sie sich am Windschutz fest, mit der anderen umklammerte sie krampfhaft das Geländer an der Seite.

„Norma, was hast du denn?" fragte ich.

„Ich hasse Boote", sagte sie langsam.

„Das kann doch nicht dein Ernst sein. Du haßt Boote? Du hast mich doch angerufen und gesagt, ich soll das Boot kaufen, und jetzt erzählst du mir, du haßt Boote? Könntest du mir das mal erklären?"

Ich drosselte die Geschwindigkeit und stellte den Motor auf Leerlauf, damit sie sich entspannen und mit mir reden konnte.

„Boote haben mir schon mein Leben lang Angst eingejagt", sagte sie. „Ich habe einfach ein gestörtes Verhältnis zu Booten." Ich verstand überhaupt nichts mehr.

Sie bemühte sich, mir klarzumachen, daß sie Boote verabscheue, aber davon überzeugt war, sie könnte ihre Abneigung überwinden. Heute macht ihr das Bootfahren schon viel mehr Spaß, und sie wurde in ihrer Überzeugung bestätigt, daß Bootfahren und Wasserski unsere Gemeinschaft fördern würden. Sie war fest entschlossen, es um der Familie willen solange auf sich zu nehmen, bis sie sich damit anfreunden konnte.

Nicht lange nach unserer ersten Bootsfahrt flog ich nach Seattle und saß im Flugzeug neben einem Verwaltungsbeamten. Als ich ihn nach seiner Familie fragte, erzählte er mir, daß sie ein sehr enges Verhältnis untereinander hätten.

„Was ist für den Zusammenhalt Ihrer Familie am wichtigsten?" fragte ich ihn.

„Vor einigen Jahren haben wir eine Jacht gekauft und zusammen die verschiedenen Buchten und Inseln in der Gegend um Seattle erkundet. Meiner Familie machen diese Bootspartien soviel Spaß, daß unsere Gemeinschaft auf diese Weise sehr viel mehr gefördert wurde." Wenn doch nur alle Familienväter so etwas sagen könnten!

Ein Mann bekannte traurig, daß er und seine Kinder, wenn sie sich ab und zu einmal wiedersehen, kaum etwas gemeinsam hätten.

„Es ist eine schreckliche Erfahrung", sagte er, „wenn die Kinder mal wieder nach Hause kommen, und man feststellen muß, daß man nichts gemeinsam hat. Wissen Sie, das einzige, worüber wir zusammen lachen können, sind unsere Erinnerungen an einen dreiwöchigen Urlaub. Damals sind wir zusammen zum Zelten gefahren. Das war ein Urlaub! Wir lachen heute noch über unsere Erlebnisse."

Andere schöne Erinnerungen an gemeinsame Unternehmungen der Familie hatte er nicht. Seine Frau hatte ihre Frauenklubs; er hatte seine Männerklubs; die Kinder hatten ihre eigenen Freizeitbeschäftigungen. Jeder lebte in seiner eigenen Welt.

„Jetzt, da meine Frau und ich allein sind, haben wir sehr wenig gemeinsam", klagte er. „Wir sind zwei einsame Menschen, die sich in ihrem großen Haus verloren vorkommen."

Der einfache Grundsatz, unser Leben miteinander zu teilen, hat alle Bereiche unseres Familienlebens durchdrungen – angefangen damit, daß wir Greg und Michael beim Fußballspielen ermutigen, bis hin zu der Unterstützung, die wir Karin und Greg beim Klavierspielen geben. Wir bemühen uns, so viele Dinge wie möglich gemeinsam zu tun – kochen, angeln, die Kinder ins Bett bringen, im Garten arbeiten. Alles, was wir als Familie zusammen machen, gibt mir die Gewähr dafür, daß wir auch in späteren Jahren verbunden sein werden.

Wenn ich an eine Reise nach Hawaii denke, assoziiere ich damit Schnorcheln, Sporttauchen, Harpunenfischen oder alle möglichen anderen Dinge, die sonst noch mit dem Wasser zu tun haben. Meine Frau denkt dabei an die Blumenkette als Begrüßung auf dem Flugplatz, an romantische Restaurants und an Besichtigungstouren in einem Leihwagen. Wir haben ganz unterschiedliche Wünsche. Aber wir meinen, daß Mann und Frau, obwohl sie genügend Zeit für ihre eigenen Hobbies haben sollten, in die Welt des anderen eintreten und an seinen besonderen Interessen Anteil nehmen sollten.

Während meine Frau einkaufen geht, kann ich schnorcheln, aber abends können wir zusammen in ein Restaurant gehen. Manchmal würde sie vielleicht mit mir schnorcheln wollen, und ich würde dafür mit ihr eine Besichtigungstour unternehmen. Ich sage nicht, daß ich auf einmal eine Besichtigung dem Schnorcheln vorziehen würde oder daß meine Frau lieber einen Taucheranzug anziehen würde als ein neues Kleid, aber wir meinen einfach, daß Kompromisse nötig sind, damit man gemeinsame Erfahrungen machen kann. Wenn der Urlaub dann vorüber ist, sind es die gemeinsamen Erlebnisse während dieser Zeit, die einen hinterher noch verbinden.

Oft stelle ich Ehepaaren die Frage, ob sie gemeinsam etwas unternehmen. Wenn ich nach dem Urlaub frage, und der Mann dann zu strahlen beginnt, während seine Frau das Gesicht verzieht, kann ich dem meist entnehmen, daß der Mann den Urlaubsort ausgesucht hat. Für ihn ist damit wahrscheinlich ein Traum in Erfüllung gegangen, während es für seine Frau und die Kinder eine reine Tortur war.

Was Sie beachten sollten, ehe Sie gemeinsame Unternehmungen planen.

Zuerst sollten Sie herausfinden, was Ihre Frau und die Kinder gern zusammen unternehmen würden. Als nächstes sollten Sie die individuellen Aktivitäten der einzelnen Familienmitglieder berücksichtigen, damit das geplante gemeinsame Vorhaben nicht von einem ein zu großes Opfer fordert.

In unserer Familie haben wir uns beispielsweise darauf geeinigt, daß Greg bis zu diesem Jahr nicht in einer Sportmannschaft mitspielen sollte, weil wir meinten, wir sollten am Wochenende lieber zum Camping fahren, als von der Tribüne aus einem Familienmitglied beim Fußballspielen zuzuschauen. Wir überprüfen auch von Zeit zu Zeit unser Freizeitprogramm, um sicherzustellen, daß durch unsere gemeinsamen Unternehmungen kein Familienmitglied gezwungen wird, auf etwas Wichtiges zu verzichten.

Fragen Sie Ihre Frau, welche zehn besonderen Dinge sie im Laufe des Jahres mit Ihnen gemeinsam unternehmen möchte.

Fragen Sie sie dann, welches der genannten Dinge für sie am wichtigsten ist. Seien Sie nicht erstaunt, wenn sie einige Dinge lieber allein unternehmen möchte – oder wenn sie nur ungern etwas mit Ihnen zusammen machen würde. Wenn dies der Fall ist, dann denken Sie einmal darüber nach, welche Haltung Sie in der Vergangenheit ihr gegenüber an den Tag gelegt haben. Waren Sie zu kritisch oder gelangweilt? Haben Sie geschmollt, wenn Sie etwas mitmachen sollten, das sie gerne wollte? Wenn das so ist, wird sie sich daran erinnern und künftig gemeinsamen Unternehmungen lieber aus dem Weg gehen.

Nun zu der zweiten Sache, die für die Gemeinschaft innerhalb einer Familie wichtig ist.

Machen Sie sich bewußt, daß das Gefühl der Zusammengehörigkeit für jeden Menschen wichtig ist

Wahrscheinlich kennen Sie auch das gute Gefühl, das man hat, wenn man sagen kann: „Ich gehöre zu diesem Klub." „Das sind meine Freunde." „Der Verein braucht meine Hilfe."

Während eines Gesprächs mit einer Frau erfuhr ich, wie sehr Frauen dieses Zusammengehörigkeitsgefühl spüren müssen. Sie erzählte mir, wie ihr Mann sie behandelt, wenn sie von einer zweitägigen Reise zurückkommt. Er freut sich so darüber, daß sie wieder da ist, daß er sie verwöhnt und ihr sagt, wie sehr er sie vermißt hat. Doch nach zwei Tagen ist das meist vorbei, und er fängt wieder an, sie als etwas Selbstverständliches zu betrachten.

Warum kleben wir vor dem Fernseher, als ob unsere Frau gar nicht existierte? Offenbar fällt uns am ehesten ein, daß wir sie lieben, wenn sie einmal einige Tage nicht da ist. Aber sobald sie zurück ist, setzt doch sehr schnell die Langeweile wieder ein.

Eine Erfahrung, die ich mit meiner Tochter gemacht habe, ist eine gute Illustration dieses Prinzips der Zusammengehörigkeit. Als Karin neun Jahre alt war, hatte ich das undefinierbare Gefühl, daß zwischen uns eine Mauer war. Ich konnte keinen genauen Grund dafür angeben, es bestand einfach keine Verbundenheit zwischen uns beiden. Es machte mir keinen besonderen Spaß, mit ihr zusammen zu sein, und ihr ging es mit mir genauso. Wie sehr ich mich auch bemühte, ich konnte die Mauer nicht niederreißen. Ab und zu machte Norma einmal eine Bemerkung darüber, daß ich meine Söhne meiner Tochter vorzöge. Darauf pflegte ich zu antworten: „Ein Grund dafür ist, daß die Jungen mir mehr entgegenkommen."

„Es wäre gut, wenn du etwas unternehmen würdest, um deine Beziehung zu Karin jetzt in Ordnung zu bringen", sagte Norma. „Denn wenn sie erst älter ist, wird das viel schwieriger sein." Also machte ich die Probe aufs Exempel und beschloß, Karin mitzunehmen, als ich das nächste Mal beruflich verreisen mußte. Obwohl wir uns immer noch nicht sehr nahe standen, wurde sie bei den Reisevorbereitungen ganz aufgeregt vor Vorfreude. Im Flugzeug übte ich mit ihr Multiplikationsaufgaben, bis ich fast wahnsinnig wurde – und der Mann vor uns auch!

Am ersten Abend übernachteten wir bei einer Farmerfamilie in Washington. Mir fiel auf, wie gut Karin und ich uns verstanden, als wir mit den Kindern der Familie um den Eßtisch saßen, zusammen lachten und sangen. Manchmal sprachen wir auch gar nicht. Das Zusammensein schien schon zu genügen. Der Aufenthalt in diesem Farmhaus schien Karin viel Freude zu machen und anscheinend machte es ihr ebenso großen Spaß, mir bei meinen Veranstaltungen zu helfen. Ich ließ sie einen Teil des Materials verteilen, deshalb fühlte sie sich als wichtiges Mitglied meines Teams – und das war sie auch.

Anschließend beschlossen wir, auf der landschaftlich schönen Strecke von Portland nach Seattle zu fahren. Ich wollte ihr das winzig kleine Städtchen in der Nähe von Portland zeigen, wo ich aufgewachsen bin.

In der Nähe des Columbia hatten wir eine Panne und wechselten zusammen den Reifen; dann gingen wir zum Fluß hinunter, um ein Stück Treibholz als Souvenir mitzunehmen. Danach versuchten wir, einen schneebedeckten Berg hinaufzufahren, mußten jedoch umkehren und den langen Weg nach Seattle zurück nehmen. Diese Reise mit all ihren schönen und weniger schönen Begebenheiten werden wir beide nicht vergessen.

In den vier Jahren, die seither vergangen sind, habe ich *niemals* wieder eine Mauer zwischen Karin und mir gespürt – wir beide sind ein Herz und eine Seele. In ihrem Zimmer hat sie immer noch das Stück Treibholz liegen, zur Erinnerung an unsere neue Verbundenheit und an ihre besondere Beziehung zu Jesus; darauf ist das Datum ihrer Bekehrung eingeritzt.

Krisenzeiten können verbinden

In Schützengräben werden dauerhafte Freundschaften geschlossen. Haben Sie noch nie von Kameraden gehört, die im Krieg zusammen im Schützengraben lagen? Immer wenn sie sich wiedertreffen, ist sofort dieses Kameradschaftsgefühl wieder da, das nichts und niemand ihnen nehmen kann, ein Gefühl, das aus dem gemeinsamen Überstehen eines Kampfes entstanden ist. Durch Prüfungen kann man eine reife und liebende Haltung erlangen (Jak. 1, 2-4).

Auch das Familienleben hat seine Schützengräben. Selbst wenn eine Krise schmerzliche Narben hinterläßt, kann die Familie dadurch enger verbunden werden.

Vielleicht sind es beim Camping gerade die kritischen Situationen, die eine Familie enger zusammenschließen. Jede Familie, die Insektenplagen, Brennesseln, Gewitterstürme, verbrannte Würstchen und sandige Suppen überlebt, kann nur gestärkter aus derartigen Prüfungen hervorgehen. In einer Krisensituation ist einer auf den anderen angewiesen. Wenn wir uns an all die mißlichen Lagen erinnern, in die wir auf unseren Campingfahrten schon geraten sind, können wir darüber *lachen,* obwohl sie damals alles andere als komisch waren. Wie z.B. über die Nacht, als Norma mich um zwei Uhr weckte. Sie fror entsetzlich und fragte mich: „Können wir nicht nach Hause fahren?" Obwohl wir zwei Stunden von zu Hause entfernt waren, verließ ich mein warmes Bett, um zu packen, und wir fuhren ab. Auf dem Heimweg nannte sie mich ihren John Wayne, obwohl ich mich zu dem Zeitpunkt kaum wie ein Westernheld fühlte.

Beim Camping haben wir zahlreiche Fiaskos erlebt. „Nur noch zwei Stunden und dann sind wir endlich wieder im trauten Heim", dachte ich nach unserer ersten Campingfahrt. Spannung lag in der Luft; wir alle sehnten uns nach unserem Zuhause, nach heißem Wasser und unseren vertrauten Betten. Wenn wir uns heute daran erinnern, lachen wir darüber, und dieses Lachen verbindet mich mit meiner Frau und uns beide mit den Kindern.

Eine Sache ist für Frauen besonders wichtig

Viele Frauen haben mir erzählt, wie wichtig für sie der enge Gedankenaustausch mit ihrem Mann ist – die besonderen Zeiten des Zusammenseins, wenn die Kinder im Bett sind, ein Telefonat im Laufe des Tages, die Gespräche bei Frühstück und Abendessen oder in einem Restaurant bei einer Tasse Kaffee. Diese speziellen Zeiten des Austauschs können für eine Frau das Schönste am Tag sein.

Auch meine Frau sagt, daß für sie der enge Austausch mit mir das Wichtigste in unserer Beziehung ist. Wir legen großen Wert darauf, so oft wie möglich in einem nahegelegenen Restaurant zusammen zu frühstücken und dabei die Dinge zu besprechen, die in nächster Zeit anstehen. Ich frage sie, was in der kommenden Woche für sie wichtig ist, und was ich tun kann, um ihr zu helfen, und umgekehrt. Diese Gespräche bedeuten mir viel, weil ich weiß, daß sie ihr viel bedeuten. Aber was noch wichtiger ist, ich würde diese Gelegenheiten zu engem Austausch wirklich vermissen, wenn wir sie jemals versäumen sollten.

Damit wir einander auch wirklich verstehen, wenden wir bei unseren Gesprächen ein Prinzip an, das leider viel zu wenig bekannt ist. Es handelt sich dabei um eine sehr einfache Methode der Gesprächsführung, die jedoch ein äußerst wirkungsvolles Mittel ist, um Mißverständnisse auszuschalten.

Vier Schritte gehören dazu:

1. Ich frage meine Frau nach ihren Gedanken oder Gefühlen.
2. Ich drücke mit eigenen Worten aus, was sie gesagt hat.
3. Sie sagt mir, ob ich sie richtig oder falsch verstanden habe.
4. Wenn ich sie falsch verstanden habe, umschreibe ich weiter, was sie meiner Meinung nach gesagt hat, solange bis ich das Richtige getroffen habe.

Meine Frau tut das gleiche, wenn ich ihr meine Gefühle erkläre.

Da keiner von uns *annimmt*, er wisse automatisch, was der andere sagen will, sind unsere Gespräche sehr viel sinnvoller geworden. (Früher waren Mißverständnisse oft der Grund dafür, daß wir aneinander vorbei geredet haben.) Dank dieser Methode kommen heute Mißverständnisse in unserer Ehe kaum noch vor.

Zum Nachdenken

1. Wie läßt sich das Beispiel, das Paulus in 1. Thes. 2, 7-11 für die Jüngerschaft gibt, auf die Beziehungen in einer Familie anwenden?
2. Überlegen Sie sich, was man tun kann, um „ein Fleisch" zu werden (Eph. 5,31).
   Gehen Sie dabei von folgenden Überlegungen aus:
   Was können wir zusammen unternehmen?

   A. In unserem Leben als Christen:
   - Gemeinde
   - Gebet – wann, wo, wie oft?
   - Bibelstudium – wann, wo, wie oft?
   - Zeugnis geben
   - Anderen helfen

   B. Ausflüge oder Urlaub:
   - Was wäre unsere Traumreise?
   - Was würde dazu gehören?

   C. Zwei meiner Lieblingsbeschäftigungen:
   - Beschreiben Sie mindestens eine ausführlich.

D. Zwei der Lieblingsbeschäftigungen meiner Frau:
- Können wir unsere Hobbies irgendwie verbinden?

E. Gibt es eine Beschäftigung, vor der ich Angst habe oder der ich mich nicht gewachsen fühle? Wie könnte meine Frau mir helfen, diese Gefühle zu überwinden?

11
Sie wollen also eine perfekte Frau?

„Denn ich wollte nicht wagen, von etwas zu reden, das Christus nicht durch mich gewirkt hat."
Röm. 15,18

„Wenn du dich mir nur mehr unterordnen würdest, hätten wir nicht halb so viele Probleme", pflegte ich früher zu meiner Frau zu sagen, von meiner eigenen Heiligkeit felsenfest überzeugt. Es stand für mich außer Frage, daß wir eine harmonische und erfüllte Ehe führen würden, wenn ich sie nur dazu bringen könnte, ihre Einstellung und ihr Verhalten zu ändern. Und so überlegte ich mir ständig neue, kreative, sichere Methoden, wie ich sie ändern könnte. Natürlich führten meine kreativen Ideen meist nur dazu, daß sie sich mir noch mehr widersetzte, aber davon ließ ich mich nicht abschrecken. Schließlich war sie ja an den meisten, wenn nicht sogar allen Problemen schuld, dachte ich.

Ich sagte zu ihr sogar: „Du bist so störrisch und eigensinnig, daß du unsere Ehe kaputt machst."

Oder: „Wenn du nur nicht immer so hysterisch reagieren würdest, wenn wir über unsere Zukunftspläne sprechen, würde ich mein Leben viel lieber mit dir teilen. Deine Gefühlsausbrüche kann ich einfach nicht ertragen."

Damals glaubte ich, der Mann sei der „Kapitän" des Schiffes. Wenn ich meine Befehle erteilte, erwartete ich, daß jeder sofort parierte und meinen Anordnungen widerstandslos Folge leistete. Aufgrund meiner verdrehten Vorstellungen fand ich ständig etwas am Verhalten meiner Frau auszusetzen. Ich kann mich erinnern, daß ich ihr sogar drohte, um die Bedeutung meiner Worte zu unterstreichen. Ich strafte sie mit Verachtung und hüllte mich in Schweigen, in der Hoffnung, auf diese Weise ihre Aufmerksamkeit zu erringen, so daß sie schließlich ihre Fehler einsehen und klein beigeben würde. Ich weiß auch noch sehr gut, mit welcher Beharrlichkeit ich ihr immer wieder Vorträge über dieselben Themen hielt.

Aber Vorträge sind nicht halb so wirkungsvoll wie die drei folgenden Methoden.

Gehen Sie immer mit gutem Beispiel voran (Röm. 15,18)

Wie anhand von Untersuchungen festgestellt wurde, ahmen Kinder viel eher das Verhalten ihrer Eltern nach, als daß sie ihren Worten gehorchen. Ich habe die Erfahrung gemacht, daß dasselbe Prinzip auch für die Beziehung zwischen Erwachsenen gilt. Eine Frau ist unwillkürlich viel eher bereit, sich am Verhalten ihres Mannes ein Beispiel zu nehmen, wenn ihre Beziehung intakt ist und sie ihn bewundert. Leider trifft auch das Gegenteil zu. Je mehr ein Mann von seiner Frau verlangt, sie solle sich ändern, ohne selbst ein gutes Beispiel zu geben, desto weniger wird sie den Wunsch verspüren, sich positiv zu verändern.

Monatelang versuchte ich, meine Frau in einem bestimmten Punkt zu ändern. Ich machte ihr Versprechungen, brachte sie in Verlegenheit, drohte ihr damit, nicht mit ihr in den Urlaub zu fahren, und ließ mir noch viele andere „kreative" Möglichkeiten einfallen, um sie zu ändern. Aber je mehr ich redete, desto weniger schien sie zu hören. Schließlich sah ich ein, wie lieblos meine Haltung ihr gegenüber gewesen war. Ich nahm mir vor, zu ihr kein Wort mehr über ihre Fehler zu sagen, solange ich mich nicht selbst beherrschen und der zärtliche und liebevolle Ehemann werden konnte, den sie brauchte. Ich verurteilte bei ihr nämlich genau die Dinge, deren ich mich selbst schuldig machte (Röm. 2, 1-2).

Wie kann ein Mann von seiner Frau erwarten, in bestimmten Bereichen Selbstbeherrschung zu üben, wenn er nicht dasselbe tut?

Jetzt war *ich* bereit, mich zu ändern.

„Norma, ich habe nachgedacht, und ich möchte versuchen, mich zu ändern. Ich will gleich damit anfangen. Künftig will ich nicht mehr an dir herumkritisieren."

„Weißt du", antwortete sie, „ich habe auch nachgedacht, und ich möchte mich wirklich ändern, besonders in dem einen Punkt, der dich so stört."

„Nein, nein", entgegnete ich, „das brauchst du nicht. Ich will mich zuerst ändern. Wenn du dich änderst, werde ich nicht mehr denselben Ansporn haben – du weißt doch, wie wichtig Konkurrenz für mich ist."

„Nein, Liebling, ich will mir wirklich mehr Mühe geben, und ich werde mich ändern", sagte sie.

Ich war völlig verwirrt; dies war das allererste Mal, daß sie überhaupt erwog, sich zu ändern. Dann sagte sie etwas, was ich nie vergessen werde.

„Gary, weißt du, warum es für mich so schwer war, einige meiner Angewohnheiten aufzugeben? Weil deine Einstellung so schrecklich war. Wenn du mich kritisiert hast, hatte ich nicht mehr den Wunsch und die Kraft, es zu versuchen. Und du bist so hart mit deiner Kritik, daß ich mich gar nicht ändern will, weil ich dich dadurch nur in deinem ewigen Kritisieren bestärken würde."

Nun setzte ich sie nicht mehr unter Druck, und sie sagte mir, sie könne eine Veränderung in meiner Einstellung bemerken. „Gary, ich will mich wirklich gern ändern, und jetzt hilfst du mir dabei."

Vorträge sind zwecklos

Ich habe selbst erfahren, daß die liebevolle, einfühlsame und verständnisvolle Haltung ihres Mannes für eine Frau eine größere Motivation sein kann als alles andere, was er tut. Leider hatte ich in den ersten Jahren unserer Ehe noch überhaupt kein Einfühlungsvermögen, und deshalb wagte meine Frau nicht immer, völlig aufrichtig zu mir zu sein, weil sie meine Reaktionen fürchtete.

Mich überläuft es heiß und kalt, wenn ich daran denke, was in unserer Ehe alles nicht in Ordnung war, so daß Norma mir ihre wahren Gefühle verschweigen mußte. Eine der schmerzlichsten Erfahrungen in dieser Hinsicht begann bei einem Familientreffen.

Dieses Familientreffen fand am Tahoesee statt, und Norma und ich waren nach einem langen Tag beide müde und gereizt, als es zu einer Auseinandersetzung kam. Ich weiß nicht, wie wir überhaupt noch die Energie für eine derartige Auseinandersetzung aufbrachten, aber sehr schnell waren wir mitten im schönsten Streit. Ich wurde noch gereizter und wütender, als sie sich wiederholt weigerte, sich mir unterzuordnen und die Veränderungen in meinem Arbeitsprogramm zu akzeptieren. Schließlich ging mir ihre Haltung so auf die Nerven, daß ich sagte, so könne es nicht mehr weitergehen. Da arbeitete ich nun für eine Organisation, die anderen zeigte, wie man ein harmonisches Familienleben führen kann, und ich konnte es nicht einmal in meiner eigenen Familie verwirklichen. Ich lebte in der ständigen Befürchtung, Norma könne einmal zum unpassenden Zeitpunkt explodieren und mich dadurch in große Verlegenheit bringen. Von diesem Druck wollte ich mich befreien, und so entschied ich, es bliebe mir keine andere Wahl – ich müsse kündigen und mir eine andere Arbeit suchen.

Wir waren beide so wütend, daß wir an diesem Abend kein Wort mehr sprachen. Am nächsten Morgen wachte ich um fünf Uhr mit einem dumpfen Gefühl in der Magengrube auf. Ich ging zum See hinunter, um nachzudenken. Ich überlegte mir, was ich meinem Chef sagen würde und wie ich die bevorstehenden Veränderungen in meinem Leben angehen würde. Als ich zum Hotel zurückging, hatte ich wieder etwas mehr inneren Frieden.

Sobald Norma meine Pläne vernahm, begann sie zu weinen und bat mich inständig, meine Arbeit nicht aufzugeben.

„Ich war im Unrecht", schluchzte sie. „Ich werde mich ändern."

Ihr plötzlicher Sinneswandel brachte mich ganz durcheinander.

„Diesmal kannst du dich darauf verlassen; ich versichere dir, so etwas wird, solange wir leben, nicht mehr vorkommen", sagte sie, immer noch weinend.

„Ich will wirklich nicht, daß du deine Arbeit aufgibst, denn du würdest es mir bis an mein Lebensende vorwerfen. Ich werde alles tun, was du willst."

„Endlich", dachte ich, „endlich sieht sie ein, daß sie sich falsch verhalten hat. Jetzt können wir anfangen, unsere Ehe harmonischer zu gestalten."

Ich irrte mich gewaltig. Norma war nicht ganz aufrichtig zu mir gewesen. Sie hatte ihre Meinung nicht geändert, sie war durch meine kritische Einstellung innerlich nur so verletzt und gekränkt, daß ihr Herz sich verhärtet hatte. Aber jetzt bedrohte ich ihre Sicherheit und wollte sie von ihrem Heim und ihren Freunden, die sie liebte, trennen, um mit ihr woanders hinzuziehen, ohne versprechen zu können, daß wir genug Geld haben würden; deshalb verbarg sie ihre wahren Gefühle. Damals war mir nicht klar, wie vernichtend eine solche Drohung für eine Frau sein kann. Norma kämpfte um ihr Zuhause auf die einzige Art und Weise, die ihr bekannt war – indem sie nachgab. Doch nicht etwa, weil sie meine Ehetheorie plötzlich begriffen hätte, sondern weil sie keine Alternative hatte.

Jahrelang hegte Norma bittere Gefühle gegen mich. Wegen ihres unausgesprochenen Grolls konnte unsere Beziehung nicht zu dem werden, was sie eigentlich sein sollte. Sie kann sich daran erinnern, daß sie mich manchmal innerlich haßte, aber nach außen hin lächelte. Mich schaudert bei dem Gedanken daran. Da sie äußerlich einen glücklichen Eindruck machte, kam ich nie auf die Idee, sie könne mich im Innern verabscheuen.

Wenn ich heute daran zurückdenke, erkenne ich, wo mein Fehler lag. Ich stellte Forderungen und nahm keine Rücksicht auf ihre Bedürfnisse. Ich bemühte mich nicht einmal zu verstehen, daß ihre physische und psysische Belastbarkeit begrenzt war und daß plötzliche Veränderungen einer Frau sehr nahegehen. Ich kritisierte sie wegen ihrer Haltung und selbst dafür, daß sie erschöpft war. Kalt und berechnend bedrohte ich ihre Sicherheit. Wenn ich verständnisvoller gewesen wäre und ein oder zwei Tage gewartet hätte, ehe ich meine Pläne mit ihr besprach, wäre vielleicht alles ganz anders verlaufen. Doch unsere Beziehung hat sich erst in den letzten paar Jahren so entwickelt, daß wir nun völlig aufrichtig miteinander sein können.

Stellen Sie keine Forderungen, sondern teilen Sie Ihre Gefühle mit

Der zweite Weg, wie Sie bei Ihrer Frau den Wunsch erwecken können, Ihre Ehe zu verbessern, besteht darin, daß Sie ihr mitteilen, was Sie empfinden, anstatt von ihr zu fordern, sie solle sich ändern.

Dieser Grundsatz soll anhand der folgenden vier Aspekte erläutert werden.

Lernen Sie Ihre Gefühle in einer liebevollen Haltung zu äußern – mit Warmherzigkeit, Einfühlungsvermögen und Aufrichtigkeit.

Eine Frau hört bereitwilliger zu, wenn man ihr mit einer liebevollen Haltung begegnet. Warmherzigkeit bedeutet, einen Menschen unvoreingenommen anzunehmen und ihn für wichtig genug zu halten, ihm Zeit und Aufmerksamkeit zu schenken. Einfühlungsvermögen ist die Fähigkeit, die Gefühle Ihrer Frau zu verstehen und sich mit ihnen zu identifizieren. Können Sie sich in ihre Lage versetzen und die Dinge von ihrem Standpunkt aus betrachten? Aufrichtigkeit bedeutet, sowohl zu Hause als auch in der Öffentlichkeit echtes Interesse für Ihre Frau zu zeigen. Eine Bemerkung wie: „Meine Alte benimmt sich unmöglich" gibt Ihrer Frau allen Grund dazu, sich zu Hause wie eine „Alte" zu verhalten.

Bemühen Sie sich, „Du"-Aussagen zu vermeiden, wenn Sie über Ihre Gefühle sprechen.

Wenn Sie zu Ihrer Frau sagen: „Du räumst nie die Wohnung auf", oder: „Du hast nie das Essen rechtzeitig fertig", oder: „Du schreist die Kinder immer an", wird das nur dazu führen, daß sie sich noch mehr auf ihren Standpunkt versteift und Ihnen widerspricht. Nach Ansicht des Psychologen Jerry Day bewirken „Du"-Aussagen, daß der andere noch entschiedener seinen eigenen Willen durchsetzen will. Wenn ein Mann im Zorn sagt: „Kannst du nicht mal zur Abwechslung an meine Gefühle denken?", wird seine Frau denken: „Seine Gefühle? Und was ist mit meinen Gefühlen?" „Du"-Aussagen führen in den seltensten Fällen dazu, daß Ihre Frau über Sie nachdenkt; sie bringen sie meistens nur in Wut, weil sie merkt, daß Sie an ihren Gefühlen nicht interessiert sind.

Warten Sie, bis sich Ihr Zorn gelegt hat, ehe Sie über Ihre Gefühle sprechen.

Wenn Sie zornig sind, genügt schon der Ton Ihrer Stimme, um bei Ihrer Frau eine falsche Reaktion auszulösen. Sie sagen dann vielleicht auch Worte, die Sie gar nicht ernst meinen. Während Sie sich beruhigen, sollten Sie entweder nichts sagen oder über ein neutrales Thema sprechen. Wenn Ihre Frau nach dem Grund für Ihr Schweigen fragt, geben Sie ihr eine ehrliche Antwort. Bemühen Sie sich, sarkastische Bemerkungen zu unterlassen, und sagen Sie z.B.: „Ich brauche ein wenig Zeit, um darüber nachzudenken, damit ich meine Gefühle besser verstehen kann." Der Psychologe Henry Brandt ermutigt Ehepaare dazu, ganz offen und ehrlich zu sein und zu sagen: „Ich bin jetzt wütend, und es wäre katastrophal, wenn wir unser Problem zu diesem Zeitpunkt besprechen würden. Können wir nicht damit warten, bis ich mich wieder beruhigt habe?" Wenn Sie warten, können Sie das Problem nachher diskutieren, anstatt sich darüber zu streiten.

Wenn Sie sich dann beide beruhigt haben, sollten Sie statt „Du"-Aussagen „Ich-fühle"-Mitteilungen anwenden. Dies ist eine bessere Methode, um Meinungsverschiedenheiten auszutragen.
Einige Beispiele:

Worin sich Ihre Frau ändern soll:	*Typische "Du"-Aussage:*	*Beispiel für "Ich-fühle"-Mitteilung:*
Sie achtet Sie nicht.	Du achtest mich nicht so, wie du es tun solltest.	Du bist dir dessen wahrscheinlich nicht bewußt, aber ich fühle mich wirklich immer ganz mutlos, wenn du verächtliche Dinge zu mir sagst.
Sie nimmt Sie nicht so an, wie Sie sind.	Du versuchst immer, denjenigen aus mir zu machen, den ich nun einmal nicht bin.	Ich mache dir keinen Vorwurf wegen der Dinge, die du zu mir sagst. Oft bewegen wir uns einfach in verschiedenen Welten. Aber ich verstehe wirklich nicht immer, womit ich dich verletze. Und ich fühle mich von dir nicht angenommen, so wie ich bin.
Sie ist ungeduldig.	Du gibst mir gar keine Chance. Könntest du nicht mal aufhören, mich zu kritisieren und mir meine Ruhe lassen. Ich bin sicher nicht vollkommen, aber so schlimm wie Sarahs Mann bin ich ja auch nicht.	Du verdienst einen Orden dafür, daß du es mit mir aushältst. Ich wünschte um deinetwillen, unsere Beziehung wäre besser. Ich könnte besser auf dich eingehen, aber wahrscheinlich brauche ich noch einige Zeit, um das zu lernen. Oft verliere ich den Wunsch, es

überhaupt zu versuchen, wenn du mir Vorwürfe machst, weil ich mich nicht so schnell ändern kann wie ich es selber gern möchte.

| Sie kritisiert Sie in Gegenwart anderer. | Das macht mich ganz krank, wenn du mich so kritisierst wie heute abend. Wenn du das noch einmal machst, gehe ich nie wieder mit dir zu einer Party. Du hast mich ganz schön blamiert. | Ich weiß, wie gern du mit deinen Freunden zusammen bist. Können wir vielleicht einmal darüber sprechen, wie ich mir vorkomme, wenn wir bei ihnen eingeladen sind. Ich spreche nicht gerne davon, aber durch etwas, was du tust, vergeht mir die Lust daran, mit unseren Freunden zusammen zu sein. Es bringt mich wirklich in Verlegenheit und demütigt mich, wenn du mich vor allen kritisierst. |

Versuchen Sie, Kommentare der Art: „Ich hab' dir's ja gleich gesagt!" zu unterlassen.

Welche Worte Sie auch benutzen, wenn Sie damit ausdrücken: „Ich hab' dir's ja gleich gesagt!", sollten Sie sie aus Ihrem Vokabular streichen. Solche Aussagen spiegeln eine Ichbezogenheit und Arroganz wieder, die sich schädlich auf Ihre Ehe auswirken können. Einige der häufigsten Arten, zu sagen: „Ich hab' dir's ja gleich gesagt!" sind:

- Wenn du auf mich gehört hättest, wäre das gar nicht passiert!
- Ich hab's ja gewußt!
- Das habe ich mir gleich gedacht!
- Ich habe dich nur um das Eine gebeten und...
- Du hörst ja nie zu...
- Kaum zu glauben, daß du...

- Siehst du!
- Du mußt ja immer deinen Kopf durchsetzen!
- Nun, bist du jetzt zufrieden?
- Ich will ja nichts sagen, aber...
- Vielleicht hörst du das nächste Mal auf mich!

Wissen Sie noch andere Varianten, mit denen Sie Ihrer Frau gegenüber das Gleiche ausgedrückt haben? Wenn Ihnen im Moment keine einfallen, dann fragen Sie Ihre Frau, ob sie sich an einige erinnern kann. Norma konnte es.

Ich bemühe mich, herauszufinden, auf welche Weise ich Normas Gefühle verletzt habe, und sie tut umgekehrt dasselbe. Sie fühlt sich sicher, weil sie weiß, daß ich es ihr nicht *erlauben* würde, mich schlecht zu behandeln. Sie läßt sich gern dafür zur Verantwortung ziehen, wie sie mit meinen Gefühlen umgeht. Ich halte es auch für sehr wichtig, daß ein Mann den Mut hat, seiner Frau seine Gefühle mitzuteilen. Ein Löwe kann brüllen und knurren, aber um etwas sanft zu sagen, muß man schon ein ganzer Mann sein. Sagen Sie Ihrer Frau, daß Sie Trost brauchen. Lassen Sie sie wissen, daß Lob für Sie wichtig ist. (Im Grunde genommen brauche ich dieselbe Behandlung wie Norma. Wenn sie möchte, daß ich ein besserer Ehemann werde, muß sie unbedingt erfahren, was mich dabei ermutigt oder entmutigt.) Nur Sie können Ihrer Frau erklären, was Sie brauchen.

Erwecken Sie Neugier

Es gibt eine dritte Möglichkeit, wie Sie Ihre Frau motivieren können, sich zu ändern. Ein altes Sprichwort sagt: „Man kann ein Pferd ans Wasser führen, aber man kann es nicht zum Trinken zwingen." Doch wenn man Salz in sein Futter mischt, dann kann man es sehr wohl zum Trinken bringen. Je mehr Salz man in seinen Hafer gibt, desto durstiger wird es werden und desto mehr wird es trinken. Je neugieriger Sie Ihre Frau machen, desto mehr wird sie Ihnen zuhören wollen. Dieses Prinzip hat man treffenderweise „Salzprinzip" genannt. Seien Sie zurückhaltend, wenn Sie Ihre Gefühle mitteilen, und sprechen Sie erst darüber, wenn Sie die volle Aufmerksamkeit Ihrer Frau haben. Wenn Sie das Salzprinzip erst einmal beherrschen, können Sie die Aufmerksamkeit anderer Menschen erlangen, selbst wenn diese wissen, was Sie bezwecken. Das Salzprinzip läßt sich folgendermaßen zusammenfassen:

Teilen Sie niemals Ihre Gefühle oder andere für Sie wichtige Dinge mit, ohne vorher beim Zuhörer eine brennende Neugier geweckt zu haben.

Das Salzprinzip ist so wirkungsvoll, daß ich die Aufmerksamkeit meiner Familie selbst dann erlangen kann, wenn alle wie gebannt auf den Bildschirm starren. Wenn ich möchte, daß die Kinder unverzüglich ins Bett gehen, kann ich das Salzprinzip anwenden und sie ohne Drohen, Schimpfen oder Schreien dazu bringen. Jesus hat uns durch die Art, wie Er lehrte und die Menschen motivierte, ein Vorbild gegeben. Er benutzte Gleichnisse, um Interesse zu wecken. Ja, Er sagt sogar, wir sollen Menschen, die kein Interesse daran haben, die Wahrheit nicht verkündigen (Matt. 7,6).

Das Salzprinzip ist so effektiv, daß ich mich schon in Schwierigkeiten gebracht habe, indem ich davon Gebrauch machte. Während eines Vortrages vor großem Publikum stellte mir jemand eine Frage, auf die ich ganz unwillkürlich antwortete: „Wissen Sie, daß eine Frau sechs Eigenschaften erwerben kann, die ihren Mann wirklich dazu motivieren, sich zu ändern?"

Kaum hatte ich diese Worte ausgesprochen, als mir klar wurde, was ich mir damit "eingebrockt" hatte. Eine Frau hob die Hand. „Welche sechs Eigenschaften sind das?" fragte sie. Ich seufzte innerlich, da mir bewußt war, daß ich nicht über diese sechs Eigenschaften sprechen und gleichzeitig mein eigentliches Thema zu Ende führen konnte. Ich senkte den Kopf und entschuldigte mich bei den Zuhörern dafür, daß ich ihre Neugier geweckt hatte. Diese „Salzepisode" habe ich nicht vergessen, da ich nach dem Vortrag von neugierigen Damen umlagert wurde. Wie Burt Reynolds habe ich mich nicht gerade gefühlt, aber ich mußte nach der Veranstaltung noch eine Stunde lang diese sechs Eigenschaften erklären. Falls Sie sich jetzt auch fragen, um welche Eigenschaften es sich handelt, so können Sie sie in dem entsprechenden Buch für Ehefrauen „Entdecke deinen Mann" nachlesen.

Wenn Sie die Aufmerksamkeit Ihrer Frau erringen wollen, sollten Sie die folgenden vier Schritte befolgen:

Erstens, definieren Sie eindeutig das Gefühl, das Sie Ihrer Frau mitteilen wollen. Sie möchten z.B., daß sie versteht, wie sehr es Sie entmutigt, wenn sie Sie in aller Öffentlichkeit korrigiert.

Zweitens, stellen Sie genau fest, in welchen Punkten Ihre Frau möchte, daß Sie sich ändern. Vielleicht möchte Ihre Frau gern, daß Sie ihr Ihre Zuneigung zeigen, indem Sie in der Öffentlichkeit ihre Hand nehmen oder den Arm um sie legen.

Drittens, "salzen" Sie etwas, das für Ihre Frau wichtig ist, mit einer Prise Ihrer eigenen Gefühle, um so ihre Neugier zu erwecken. Um bei unserem Beispiel zu bleiben, Sie könnten z. B. sagen: „Wenn wir ausgehen oder mit Freunden zusammen sind, würde ich gern den Arm um dich legen und allen zeigen, wie stolz ich auf dich bin. Aber durch etwas, was du machst, vergeht mir dieser Wunsch."

Viertens, geben Sie noch mehr Salz dazu, indem Sie eine kurze Frage stellen, um ihre Neugier noch zu steigern. Sie könnten beispielsweise fragen: „Weißt du, was du machst?", oder: „Wahrscheinlich sollte ich jetzt gar nicht weiter davon sprechen, oder?", oder: „Möchtest du gern wissen, wieso ich so empfinde?" Wenn sie jetzt immer noch nicht genügend Interesse zeigt, dann probieren Sie es zu einem späteren Zeitpunkt noch einmal, und würzen Sie Ihre Aussagen mit einer größeren Dosis Salz.

Im folgenden finden Sie vier Beispiele dafür, wie ein Mann seine Worte „salzen" kann, damit seine Frau ihm interessiert zuhört, wenn er ihr seine Gefühle erklären will.

Was sich ändern soll:	„Salzige" Aussagen, die Ihre Frau zu einer Änderung motivieren können:
1. Sie zeigt kein Interesse an sexuellen Beziehungen.	Weißt du, was mich wirklich dazu ermutigt, unsere Ehe zu verbessern? (Nein.) Wenn ich sehe, daß wir gemeinsam an unserer Ehe arbeiten. (Oh, das ist gut.) Es gibt aber einen Bereich, in dem ich das Gefühl habe, daß wir nicht an einem Strang ziehen. (Was denn?) Ist jetzt der rechte Zeitpunkt, um darüber zu sprechen? (Ja.) Nun, ich fühle mich unverstanden und

zurückgestoßen, wenn du nachts auf meine Zärtlichkeiten nicht reagierst. Könntest du mir sagen, was da nicht stimmt? (Seien Sie besonders zartfühlend während des folgenden Gesprächs. Sie werden vielleicht herausfinden, daß sie sich gekränkt fühlt, oder alle möglichen anderen Gründe erfahren. Aber Sie müssen das Problem ja nicht in einem einzigen Gespräch lösen.)

2. Sie dominiert das Gespräch bei Einladungen.

Ich weiß, daß du nächste Woche zu dieser Einladung gehen willst, aber es passiert immer wieder dasselbe, wenn wir zusammen sind, und das verdirbt mir die Freude an gesellschaftlichen Zusammenkünften im allgemeinen.
(Oh, was denn? – Sie stutzt.)
Ich weiß nicht, ob ich es dir erklären kann, ohne dich dabei zu kränken.
(Sie stutzt noch mehr.)
Willst du wirklich darüber sprechen? (Ja.)
Nun, ich fühle mich bei Einladungen von dir ausgeschlossen.
(Fragen Sie sie, wie Sie beide das Problem bewältigen könnten. Vielleicht könnten Sie etwas mehr sagen, und sie etwas weniger. Wenn Sie das vorher besprechen, werden Sie beide sich bei der Einladung viel wohler fühlen.)

3. Sie will nicht mit Ihnen reden, wenn Sie mit ihr allein sind.

Wir sprechen immer wieder darüber, wie wir unsere Beziehung verbessern können. Das willst du doch immer noch? (Ja.)
Etwas verstehe ich nicht, und das ist etwas, was im Laufe einer Woche mehrmals vorkommt. Ich denke, daß dies für unsere Beziehung nicht gerade gut ist, besonders im Hinblick auf die Zeit, wenn die Kinder erwachsen sind und heiraten, und wir dann allein sind.

(Oh, was ist das denn?)
Nun, es geht um die ruhigen Momente, wenn wir beide ganz allein sind, und ich gerne mit dir reden möchte, aber du anscheinend nicht dasselbe Bedürfnis hast. Ich frage mich nun, ob ich irgend etwas mache, was mir gar nicht bewußt ist. Denn ich möchte mit dir reden, aber ich kann spüren, daß du nicht dasselbe Interesse hast.

Vielleicht bin ich nicht sensibel genug und merke nicht, wenn du zu müde bist, oder so etwas.
Ich möchte es nur wissen, weil ich mich wirklich ausgeschlossen fühle, wenn du nicht mit mir redest, wenn wir beide allein sind.

4. Sie nörgelt, wenn Sie Reparaturen nicht sofort erledigen.

Ich mache dir keinen Vorwurf daraus, daß du von Zeit zu Zeit etwas Bestimmtes tust, weil ich es sicher verdient habe. Aber wenn du etwas Bestimmtes zu mir sagst, verliere ich jegliches Interesse daran, Dinge im Haus zu reparieren.
(Oh, was denn?)
Nun, ich weiß, daß es irgendwie auch an mir liegt, aber ich bin bis jetzt noch nicht ganz dahinter gekommen. Auf jeden Fall ist es nicht sehr hilfreich, was du sagst, und motiviert mich nicht gerade dazu, daß ich gern etwas hier repariere.
(Was ist es denn? Sag es mir doch.)
Vielleicht kannst du mir helfen.
Können wir uns jetzt gleich zusammen überlegen, warum du diese bestimmte Sache tust?
(Ja, wir wollen offen darüber sprechen und es ausdiskutieren, was es auch sein mag.)
Siehst du, ich bin manchmal so unmotiviert, wenn du mir wütend oder gereizt fünfmal

sagst, daß ich etwas tun soll, und ich vergesse es einfach immer wieder.

So gern ich es auch tun will, ich werde von anderen Dingen abgelenkt, und dann denke ich nicht mehr daran.

Ich will dir wirklich im Haus helfen.

Können wir nicht zusammen überlegen, was wir tun müssen, damit ich diese Dinge gern erledigen kann, und du mich nicht immer gereizt daran erinnern mußt? Wenn du das tust, verliere ich nämlich wirklich die Lust dazu.

Zusammenfassend läßt sich also sagen, wenn ein Mann möchte, daß seine Frau sich ändert und daß ihre Ehe gefestigt wird, dann sollte er ihr in den Bereichen, in denen er sich eine Änderung wünscht, mit gutem Beispiel vorangehen, ehe er sie daraufhin anspricht. Er sollte soviel Mut haben, daß er ihr seine Gefühle mitteilen kann, ohne sie anzuklagen. Und schließlich sollte er das "Salzprinzip„ anwenden, um ihre Aufmerksamkeit zu erringen, bevor er über seine Gefühle spricht.

Zum Nachdenken

In welchen Punkten soll Ihre Frau sich ändern?
Überlegen Sie sich, wie Sie ihr dabei mit gutem Beispiel vorangehen können. Röm. 15,18; 2, 1-2.

12
Vorsicht! Das kann auch Ihnen passieren

„Die Hoffart des Menschen wird ihn stürzen; aber der Demütige wird
Ehre empfangen."
Spr. 29,23

„Norma, ich meine, du solltest ein paar Tage ausspannen. Während ich fort war, hattest du so viel zu tun – du mußtest dich um viele Gäste kümmern, um die Party neulich und Gregs Zimmer streichen... Ich besorge einen Babysitter, und du ruhst dich einfach mal aus. Das war wohl alles etwas zu viel für dich."

Ich wollte mich wieder an die Arbeit an diesem Buch machen, und irgendwie irritierte es mich, daß Norma einen nervösen und abgespannten Eindruck machte.

Sie antwortete: „Das war eine überflüssige Bemerkung. Du denkst anscheinend, ich könnte mit den Dingen nicht allein umgehen."

„Ich denke, du gehst mit dir selbst nicht gut um", erwiderte ich barsch. „Ein Buch zu schreiben, ist sicher anstrengender, als bei den Kindern zu bleiben!"

„Ich glaube, ich komme sehr gut zurecht. Aber du gibst mir das Gefühl, ich könnte es allein nicht schaffen." Sie ließ sich von mir nicht in einen Streit verwickeln.

Plötzlich standen mir die Grundsätze meines Buches vor Augen, und meine Gereiztheit verschwand. Ich erkannte, daß ich gereizt und nervös gewesen war und daß Norma unter meiner Insensibilität leiden mußte. Ich hatte mal wieder versagt!

„Du hast recht. Das war wirklich eine überflüssige Bemerkung. Du kommst großartig zurecht! Wann werde ich es endlich lernen?"

Am nächsten Morgen kam Norma zu mir in mein abgelegenes Hotel zum Frühstück, und wir sprachen noch einmal darüber, wie ich eine Gelegenheit versäumt hatte, sie zu ermutigen. Ich hatte ihr eigentlich helfen wollen, aber der Grund für meine gefühllosen Worte war der Zweifel, ob ich denn *wirklich* der Ehemann war, der ich sein sollte. Wenn ich ein guter Ehemann wäre, müßte meine Frau vielleicht nicht so nervös und abgespannt sein. Ich hatte gedacht: „Nur noch eine Woche, dann sind die beiden Bücher fertig. Hab bitte

Geduld. Was werden denn die Leute von unserem Buch denken, wenn du so aussiehst, als ob ich dich nicht glücklich machen würde."

Norma sagte, sie könne mich verstehen, und erinnerte mich daran, daß ich sie immer seltener kränke und daß wir Unstimmigkeiten auch immer schneller wieder aus der Welt schaffen könnten, weil wir ja allmählich lernten, wie man eine Beziehung wieder in Ordnung bringt. Warum werden Krisen immer seltener?

Es gibt zwei Gründe dafür:

1. Ich gebe mein kränkendes Verhalten zu und akzeptiere die Tatsache, daß ich noch nicht am Ziel bin.
2. Ich verdiene ihre Vergebung schneller, indem ich die Grundsätze aus Kapitel 5 beachte.

(Und wir beide bemühen uns darum, die bestmögliche Beziehung aufzubauen. Das ist eine große Hilfe!)

„Aber", so werden Sie jetzt fragen, „wann kann ich mich denn ausruhen und die Früchte meiner Arbeit genießen?"

Erinnern Sie sich noch an die Geschichte von dem jungen Paar, das ein Jahr lang getrennt lebte, bis der Mann gelernt hatte, die Liebe seiner Frau zurückzugewinnen? (Kapitel 2). Sie konnte seine Faulheit, seine Insensibilität, sein dominierendes und selbstsüchtiges Verhalten nicht ertragen.

Nachdem sie sich wieder versöhnt hatten, beachtete er fünf Jahre lang viele der in diesem Buch dargestellten Grundsätze, und sie blühte allmählich auf und empfand langsam wieder eine romantische Liebe für ihn. Dann beging er den größten Fehler, den man machen kann. Er ließ in seinen Bemühungen um sie nach. Er dachte, er könne jetzt die Früchte seiner Arbeit genießen – eine "normale„ Ehe, in der die Frau sich unterordnet und der Mann den Ton angibt. Und so fiel er langsam in seine alten Gewohnheiten und Verhaltensweisen zurück – er wurde wieder faul, insensibel, dominierend und selbstsüchtig. Allmählich schwanden ihre liebevollen Gefühle für ihn auch wieder dahin.

Heute fängt er noch einmal von vorne an. Glücklicherweise wünschen sie sich jetzt beide eine bessere Ehe und bemühen sich unabhängig voneinander darum.

Der Aufbau einer glücklichen Ehe ist eine Lebensaufgabe.

Ruhen Sie sich nicht aus! Denken Sie nie, Sie hätten Ihr Ziel schon erreicht! Hochmut kommt immer vor dem Fall (Spr. 29,23)!

Oder vielleicht sagen Sie: „Ich habe es satt, immer wieder ganz von vorne anzufangen."

Robert hatte kein Durchhaltevermögen, er vergaß immer wieder einige der hier dargestellten Grundsätze. Seine Frau war schon nahe daran, ihn zu verlassen, und nichts schien zu helfen, bis ich eines Tages zu ihm sagte: „Jedesmal wenn Sie sie nicht trösten und jedesmal wenn Sie die Beherrschung verlieren, stehen Sie wieder ganz am Anfang – und an diesem Punkt will sie Sie immer noch verlassen."

„Das überzeugt mich", sagte er. „Auf gar keinen Fall will ich wieder ganz von vorne anfangen müssen." Und er mußte es auch nicht. Das war das Ende seiner Wutausbrüche.

Vielleicht machen Sie große Fortschritte, aber jedesmal wenn Sie versagen, denkt Ihre Frau möglicherweise, daß Sie sich kein bißchen verändert hätten. Meine Frau brauchte zwei Jahre, um mir zu glauben.

Zum Nachdenken

1. Welcher Zusammenhang besteht zwischen dem Geheimnis des Gebets und dem Ziel, ein besserer Ehemann zu werden?
   Luk. 11, 5-8:   das Geheimnis steht in Vers 8.
   Luk. 18, 1-7:   das Geheimnis steht in Vers 5.
2. Wie oft sollte ein Mann seiner Frau vergeben und sich um den Aufbau einer liebevollen Ehe bemühen?
   Matt. 18, 21-22.

Gary Smalley

Entdecke deinen Mann!

13,5 x 20,5 cm, 178 Seiten

ISBN 3-87827-061-5

Eine erfüllte Ehe ist kein Produkt des Zufalls! Sie basiert auf Prinzipien, die für das Entstehen und Bestehen einer herzlichen und liebevollen Beziehung unerläßlich sind. Denn die emotionalen und psychologischen Unterschiede zwischen Mann und Frau können zu einem unüberwindlichen Hindernis für eine dauerhafte erfüllte Beziehung werden, wenn man sie ignoriert oder mißversteht.

Wie kann eine Ehefrau ihrem Mann ihr tiefes Bedürfnis nach Liebe, Bestätigung, Sicherheit bewußt machen, ohne sich dabei selbstsüchtig vorzukommen?

In seinem Buch gibt der Autor, Gary Smalley, selbst Ehemann und Vater von drei Kindern, der Frau Anregungen, wie sie ihrem Mann helfen kann, die Liebe zu ihr zu vertiefen und ihr bester Freund zu werden. Sein Wunsch und Bemühen ist es, daß die Frau das Wesen ihres Mannes verstehen lernt. Dieses Buch »Entdecke deinen Mann!« ist eine Hilfe für Eheleute, die gemeinsam an der Verbesserung ihrer Ehe arbeiten möchten.

EDITIONS TROBISCH, 7640 Kehl/Rhein